이미지 생성 AI

Stable Diffusion

스테이블 디퓨전
실전 가이드

직접 체험하면서 배우는 이미지 생성 AI의
원리와 활용 테크닉의 모든 것

시라이 아키히코·AICU 미디어 편집부 지음
피나스·라케시데 AI 이미지 생성 해설

보누스

이 책을 구매해 주신 여러분께 감사의 말을 전한다. 이 책은 이미지 생성 AI에 관심 있는 사람이라면 누구든 이미지 생성 AI 소프트웨어 Stable Diffusion을 기본부터 익힐 수 있도록 집필했다. Stability AI를 기반으로 2022년 8월에 공개된 Stable Diffusion은 누구나 무료로 이용할 수 있으며, 머신러닝에 기반한 추론으로 '모든 종류의 이미지'를 생성할 수 있다. 전 세계의 이미지와 미학을 학습한 인류의 예지라고 해도 과언이 아니다. 그러나 만약 이용 방법이 잘못되면 만족스러운 결과물을 얻기 힘들뿐더러, 다른 사람들에게 손해를 끼칠 사악한 기술이 될 수도 있다.

이 책은 Stability AI의 공식 파트너사인 AICU Inc.의 크리에이터들이 Stable Diffusion과 오픈 당시에 개발된 관련 기술을 활용하는 법을 해설한다. 디지털 일러스트레이션을 고품질로 더욱 빠르게 제작할 수 있는 도구인 AI 기술을 이해하고 제대로 활용할 수 있도록, 가능한 한 자세하게 집필했다. 몰랐던 기능을 알아가고 '요령'을 매뉴얼 형태로 단기간에 깨우칠 수 있도록 도와주는 '편리한 책'으로 활용하면 좋다. 모쪼록 여기저기 포스트잇을 붙여가면서 메모하고, 동료들과 공유하길 바란다.

이 분야를 전문적으로 배우고자 하는 중고등학생은 물론이고, 취미로 '예쁜 그림을 만들어보고 싶은 분', '노후 취미로 삼고 싶은 분' 등 순수하게 미적, 지적 탐구심을 지닌 분들도 환영한다. 이처럼 '주말 AI 작가'도 읽기 쉬우면서 자극을 받는 내용이 책에 담겨 있다. 또한 세계관을 전달하면서 임팩트를 주는 프레젠테이션의 키 비주얼을 만들 때나, 직장 동료와 상사, 경영자를 위한 메시지를 담은 일러스트를 작성할 때, 회사 및 지자체의 고유한 캐릭터가 활약하는 만화를 제작하고 콘셉트 아트를 만들 때 등 다양한 기회에 자신의 재능을 펼칠 직장인들도 이 책을 많이 활용할 수 있다.

그렇다. 이 책을 다 읽었을 때, 여러분은 '생성 AI를 활용해 이미지를 만드는 사람'이 돼 있을 것임이 틀림없다. 그럼, 생성 AI 세상으로 여행을 함께 떠나보도록 하자!

● 이 책의 방향성

이 책의 공저자인 AICU Inc.는 Stable Diffusion을 개발한 Stability AI의 공식 파트너다. 다양한 전문 분야에서 Stable Diffusion을 도입하고 활용하는 기술을 개발하고 전파하는 데 힘써왔다. 그동안 워크숍과 블로그 등에서 내비친 노하우를 책에 잘 담았다.

이미지 생성 모델 Stable Diffusion은 여러 버전이 존재한다. 이 책에서는 Stable Diffusion XL(SDXL)과 AUTOMATIC1111/Stable Diffusion WebUI(v1.8.0)를 활용한 디지털 일러스트레이션 제작을 주로 해설한다.

GPU와 Python, 머신러닝 관련 기술에 익숙한 사람을 대상으로 하지 않았으며, 비싼 기자재 투자를 전제로 하지도 않는다. '기본적인 지식, 기술, 표현 방식을 오랫동안 활용할 수 있도록 하자는 관점에서, 되도록 쉽게 익히는 방법'을 중시했다. 필진은 독자가 실용적이면서 안정적인 결과를 얻을 수 있도록 틀리기 쉬운 부분을 피하고, 제작 품질을 향상할 수 있는 '요령'을 담은 책을 만들 것을 우선했다.

따라서 이 책에서는 입문자나 캐주얼한 성향의 사용자들도 참고하기 쉽도록, 표준 환경으로 SDXL과 구글 Colaboratory(Colab)를 활용했으며 GPU가 불필요한 환경을 전제로 해설했다. 구글 계정만 있으면 누구나 사용할 수 있는 환경과 AICU사가 개발하고 번역한 편리한 스크립트를 이용해, 사전 지식이나 환경 구축 기술이 없더라도 이미지 생성 AI를 체험할 수 있다. 또한 프로그래밍 지식이 전혀 없더라도, 직접 스크립트를 수정해 자신만의 쾌적한 환경을 만들 수 있는 노하우를 습득할 수 있다.

이 책은 2024년 3월 시점의 정보를 기반으로 작성됐다. 또한, 저작권이나 관련 법령은 일본의 문화청 자료인 "AI와 저작권"을 기준으로 한다.(한국 사정을 반영한 정보도 실었다.) 이미지 생성 AI를 활용하는 크리에이터로서 준수해야 할 법령과 '다른 사람에게 민폐를 끼치지 말자는' 윤리관, 리스크 관리 및 설명 책임 등도 칼럼과 해설에서 다룬다.

AICU Inc. 집필 팀이 출판사와 함께 성심껏 책 내용의 정확성과 작동 여부를 확인했으나, 지면 한계로 표현의 적확성, 향후 생길 변경 사항, 외부 환경 변화 등에 대해서는 보장할 수 없었다. 이 책에서 소개하는 소스 코드는 책 발간 후의 지원을 고려해 GitHub(github.com/aicuai/)에 공개하고, 문제가 생겼을 때 수시로 업데이트할 예정이다. 최신 정보는 AICU media(note.com/aicu) 및 멤버십 한정 정보로 제공하고 있다.

CONTENTS

Chapter 7 이미지 생성 AI를 더 활용해 보자

일러두기

- 이 책에서 소개한 내용은 집필 당시 최신 버전의 Google Colaboratory, MacOS, Windows 환경에서 작동하도록 구성했습니다.
- 책에 기재된 회사명, 상품명, 제품명 등은 각사의 등록상표 또는 상표입니다. 본문에서는 따로 카피라이트 표기를 하지 않았습니다.
- 저자는 정확한 내용을 기술하려고 최대한 노력했지만, 책 내용을 바탕으로 얻은 운용 결과에 대해서는 저자와 AICU Inc. 및 출판사가 책임을 지지 않습니다.
- AI 저작권과 활용을 둘러싼 여러 법적 논의는 아직 전 세계에서 진행 중입니다. 본문 201~212쪽의 내용은 시바야마·시바사키 변호사가 정리한 것입니다. 한국의 상황 또한 일본과 유사한 부분이 많으나 차이가 나는 부분은 한국의 문화체육관광부와 한국저작권위원회가 함께 펴낸《생성형 AI 저작권 안내서》와 국회 입법 계획을 참고해 보누스출판사 편집부가 '편집자주'로 밝혀두었습니다.

Chapter 1

이미지 생성 AI를 알아보자

먼저, 이미지 생성 AI를 체험하면서 AI(인공지능)가 무엇인지 알아본다. 앞으로 다룰 Stable Diffusion의 구조와 기능에 관한 개요도 살펴본다.

AI로 이미지를 생성해 보자

우선 Niji·Journey와 Fooocus를 활용해 간단한 이미지 생성을 체험하자. 구글 Colab의 기본적인 이용법도 익히자.

≫≫ AI 이미지 생성을 만끽하자 — Niji·Journey

AI 이미지 생성을 배우기 전에, 일단 AI 이미지 생성을 체험해 보자. 만약 여러분이 텍스트 이미지 생성을 한 번도 경험해 본 적이 없다면, 맨 처음 추천하는 것은 Niji·Journey다.

Niji·Journey
https://nijijourney.com/

Niji·Journey는 2022년 7월에 공개된 AI 이미지 생성 서비스로서 한 시대를 풍미한 Midjourney를 Spellbruch사가 애니메이션 및 일러스트레이션풍의 이미지를 생성하는 데 특화해 개발한 서비스다. 유료 구독형은 이와 호환성이 있다. 이 두 가지 서비스는 채팅 서비스인 Discord(https://discord.com)를 경유해 이용할 수 있도록 설계됐으며, PC 및 스마트폰 환경에서도 Discord 애플리케이션으로 이용할 수 있다. 2023년 10월에는 Niji·Journey 단독으로 스마트폰 애플리케이션 버전이 나왔으며, 2024년 3월 현재 무료로 20장까지 이미지를 생성할 수 있다. 여기서는 스마트폰 애플리케이션 버전을 이용해 이미지를 생성해 본다.

App Store/niji·journey
https://apps.apple.com/us/app/niji-journey/id6446376937

Google Play/니지저니
https://play.google.com/store/apps/details?id=com.spellbrush.nijijourney&pli=1

⋙ Niji·Journey : 안드로이드 및 아이폰 앱으로 이미지를 생성해 보자

먼저 앱스토어에서 애플리케이션을 다운로드하고, 언어 설정을 하면(한국어를 선택) 서비스 이용 계약 동의 화면이 나온다. 처음 이용하는 경우라면 애플리케이션의 튜토리얼에 따라 사용법을 확인해 보는 것도 좋다.

▲ 계정이 없더라도 서비스 이용 계약에 동의하면 체험해 볼 수 있다.

기본적인 애플리케이션 이용 방법을 설명하겠다. 생성하고자 하는 이미지를 설명하는 '프롬프트' ❶ 를 입력하고 '생성' ❷ 버튼을 탭하면, 미리보기 화면에 이미지 ❸ 4장이 생성된다. 그중에서 마음에 드는 이미지를 선택한다.

선택된 이미지에서 추가 메뉴를 고를 수 있다. 해당 이미지를 참고해 새 이미지를 생성하는 '이미지 프롬프트' ❹, 단말기에 다운로드하는 '저장' ❺, SNS에 이미지를 게재하는 '이미지 공유' ❻ 등이다. 이미지를 업스케일(고해상도화)하거나 Subtle(세부 조정), Region(지역), 확대, 이동 등의 버튼을 눌러 편집하고 생성하는 기능도 갖추고 있다.

이처럼 아름다운 작품을 간단히 생성할 수 있는 Niji·Journey지만, 무료 체험이 끝나면 가장 저렴한 요금제라도 월 10달러다. 연간 결제를 하면 월 8달러. Niji·Journey는 생성한 이미지의 상업적 이용이 가능하도록 라이선스가 설정돼 있으므로, 구독해 이용할 가치가 있다고 생각한다.

》》》 AI 이미지 생성을 즐겨 보자
— Fooocus 일본어 애니메이션 특화 버전을 준비한다

Niji·Journey 같은 AI 이미지 생성 서비스를 이용하면 전문 지식이 없어도 이미지를 생성할 수 있지만, 이 책을 읽고 있는 여러분은 아마도 그 정도에 만족하지 못할 것이다. 지금 소개하는 Fooocus는 Midjourney나 Niji·Journey와 마찬가지로 쉽게 조작할 수 있으며 무료로 고품질의 텍스트 이미지를 생성해 볼 수 있다.

Fooocus는 스탠퍼드 대학의 Lvmin(Lvmin Zhang)을 중심으로 개발됐으며 웹브라우저에서 이용 가능한 UI(WebUI)다. 오픈 소스이기 때문에 GitHub(깃허브)에서 프로그램을 다운로드할 수 있다. 그리고 연산 환경을 직접 마련한다면 무료로 이용할 수 있다.

🌐 **GitHub - lllyasviel / Fooocus**
https://github.com/lllyasviel/Fooocus

Fooocus의 내부는 이 책에서 다루고 있는 Stable Diffusion XL(SDXL)이 도입돼 있으며, 단순한 텍스트 입력만으로도 매우 높은 품질의 결과물을 얻을 수 있다. Midjourney와 Niji·Journey를 사용할 때와 환경도 비슷하다.

앞으로 우리가 체험할 것은 필자이기도 한 AICU사가 개발한 오픈 소스 라이선스인 'Fooocus 일본어 애니메이션 특화 버전'이다. 현재 배포 중인 Fooocus를 기반으로 한 것으로, 구글이 제공 중인 프로그래밍 학습 환경인 '구글 Colaboratory(통칭 Colab)'를 통해 처음 이용하는 사람들도 이해할 수 있다.

우선 브라우저(구글 크롬을 추천)를 열고 구글 계정으로 로그인한다.

이어서, 아래 URL에 접속해 AICU사의 GitHub를 표시하고, 화면상의 'Open in Colab' ❶ 버튼을 클릭한다.

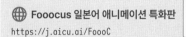

🌐 **Fooocus 일본어 애니메이션 특화판**

https://j.aicu.ai/FoooC

▲ 스마트폰과 태블릿에서도 이용할 수 있으나, 이때에도 브라우저에서 조작할 것을 권한다.

그렇게 하면 로그인 중인 구글 드라이브에서 Colab이 표시되므로, '드라이브에 복사' ❷를 클릭해 메모장을 저장하자.

저장이 완료되면 자동으로 새로운 창이 열리고, 자신의 Google Workspace에서 메모장의 복사본을 갖고 작업할 수 있다. 메모장을 아래로 스크롤해서 Fooocus JP + Google Drive output의 ▶'셀을 실행' ❸ 을 클릭한다.

▲ 위 그림처럼 프로그램이 하나로 뭉쳐져 있는 구조를 코드 셀이라고 한다.

구글 드라이브의 파일 접근 허가에 대한 요청이 나오며, '구글 드라이브에 접속' ❹ 을 클릭하고 프로그램이 실행될 때까지 기다린다.

프로그램이 실행되고 코드가 표시되는데, https://....gradio.live이라는 URL ❺ 이 표시될 때까지 조금 더 기다리자. URL ❺ 이 표시되면 이를 클릭해 다른 탭에서 Fooocus의 WebUI를 이용할 수 있다. 이 URL은 최대 72시간 유효하며, 스마트폰과 다른 PC에서도 이용할 수 있다.

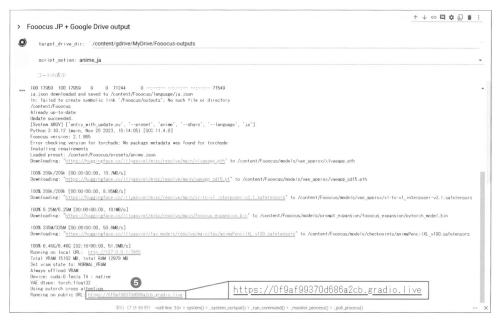

▲ 중간에 접속이 끊어지거나 멈추는 등, 에러가 나오면 Colab 메모장 페이지에서 ⏹'실행 중단'을 클릭한 다음에 다시 한번 ▶실행 버튼을 선택한다.

≫≫ AI 이미지 생성을 즐겨보자
— Fooocus 일본어 애니메이션 특화판에서 생성한다

Fooocus의 사용 방법은 매우 간단하다. WebUI를 열면 우선 '생성!' ❶ 버튼 왼쪽에 1girl이라고 입력하고, '생성!' ❶을 클릭한 다음 몇 초 정도 기다린다. 그러면 여성 이미지가 2장 생성된다.

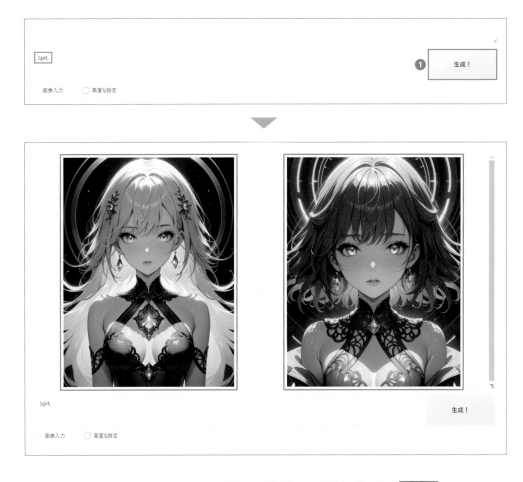

다음으로, ❷에 프롬프트를 영어로 입력해 다시 한번 '생성!' ❶을 클릭한다. 예를 들어, Prompt Smiling, 1girl, bluesky, looking at viewer라고 입력한 다음, '생성!' ❶을 클릭하는 것이다. 그러면 프롬프트에 입력한 내용을 반영해 새로운 이미지가 생성된다.

이제부터는 프롬프트와 WebUI를 탐험하고 조사해 보면서 직접 시험해 보기 바란다. '고급 설정' ❸ 을 체크하면, 화면 우측에 확장 설정이 표시되며 여러 가지 설정을 변경할 수 있다.

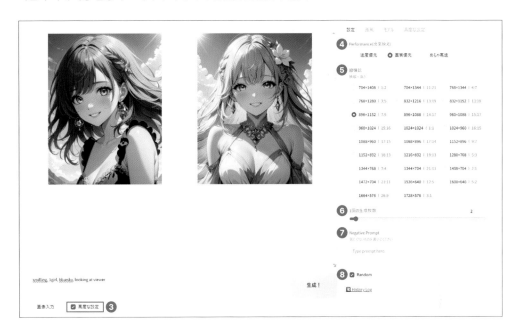

퍼포먼스 ❹ 는 '속도 우선', '화질 우선', '초고속'에서 선택하며, 화질과 생성 속도를 변경할 수 있다. 종횡비 ❺ 는 예컨대 가로를 길게 하고 싶은 경우 '1408×704 | 2:1'을 선택하면 된다. 1회 생성 매수 ❻ 는 초기 설정이 '2'로 돼 있으며, '1'로 바꾸면 1장씩 생성되고 '10'으로 하면 시간은 걸리지만 10장 연속 재생을 실행한다. 네거티브 프롬프트 ❼ 는 '보고 싶지 않은 것'을 명령창에 표현하는 것이다. 랜덤 ❽ 체크박스는 체크를 풀면 비슷한 종류의 이미지가 잘 나온다.

이어서 확장 설정의 '화풍' ❾ 탭에서 화풍을 선택한다. Fooocus의 특징으로, 복수의 특색 있는 스타일을 혼합할 수 있다. 각 스타일에 마우스 포인터를 갖다 놓으면 고양이로 표현된 미리보기가 나오므로, 이를 힌트 삼아 체크박스의 On/Off를 체크해 자기가 원하는 화풍을 찾아가면 된다.

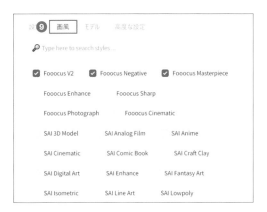

위에서부터 차례대로 SAI Origami, SAI Pixel Art, SAI Line Art, Artstyle Abstract Expressionism을 하나씩 선택해 이미지를 생성해 봤다. 복수의 체크박스에 체크 표시를 하면 스타일을 혼합할 수 있으나, 우선은 한 가지 스타일씩 시험해 보길 권한다.

이처럼 내부에 적용된 기술이나 파라미터 튜닝을 잘 모르더라도 고품질 텍스트 이미지 생성을 진행할 수 있다. 하지만 자신이 만들고자 하는 이미지를 좀처럼 잘 생성하지 못하는 사람도 있을지 모른다. 그래서 이제부터는 자기 생각대로 이미지 생성 AI를 능숙하게 활용할 수 있도록, AI 기술의 성립 과정과 이미지 생성 구조를 자세히 알아보겠다.

이미지 생성 AI의 탄생과 변천

우선 이미지 생성 AI를 중심으로 어떤 역사적 배경과 연구 조류로부터 오늘날의 AI가 발전해 왔는지를 알아보자.

AI 이미지 생성의 역사는 인공지능 연구자 및 컴퓨터에 의한 이미지, 즉 컴퓨터 그래픽스(CG)의 역사와 궤를 함께 한다. 먼저, 큰 사건과 우리 사회의 변화를 돌아보며 그 발전의 흐름을 살펴보자. 때때로 들어본 적 있는 주제도 나올 테니 그런 지식과 연결해 가면서 이해도를 높이길 바란다.

이미지 생성 AI 연구의 변천 (1940-2020)

	주요 연구 내용	AI 연구의 흐름
1940	인공 뉴런	▼ 셀룰러 오토마타 제안(울람&폰 노이만 : 1940년대) ▼ 인공 뉴런에 대한 연구(워렌 맥컬록&월터 피츠 : 1943)
1950	단층 퍼셉트론	▼ 세계 최초의 랜덤 직선형 뉴럴 네트워크 학습 머신 SNARC를 제작(민스키 : 1951) ▼ 다트머스 회의에서 '인공지능'이라는 단어가 탄생(맥카시 : 1956) ▼ 퍼셉트론에 의한 패턴 인식의 시뮬레이션 연구가 유행(로젠블라트 : 1958)
1970	다층 퍼셉트론	▼ 단층 퍼셉트론은 선형 분리 불가능한 패턴을 식별할 수 없다는 것이 밝혀지면서 AI 유행이 종료(페퍼트&민스키 : 1969) ▼ 라이브 게임으로 인해 셀룰러 오토마타가 다시 주목(1970-) ▼ 네오코그니트론(후쿠시마 : 1979)
1980	엑스퍼트 시스템	
1990	오차역 전파법	▼ 오차역 전파법(럼멜하트 : 1986)
2000	딥러닝	▼ 오토인코더(힌튼 : 2006) ▼ CUDA 1.0 발표(2007)
2010	확산 모델	▼ GAN : 적대적 생성 신경망(굿펠로 : 2014) ▼ VAE : 변분 오토인코더(킹마 : 2014)
2020	트랜스포머	▼ 확산 모델(Sohl-Dickstein : 2015)

1940년대에 수학자와 신경생리학자들은 인공 뉴런 및 셀룰러 오토마타 등, 생물을 모방한 수학 모델을 발표했다. 다만 이 시점에서는 아직 이러한 모델을 연산할 수 있는 컴퓨터가 없었기 때문에, 아날로그 전자 회로에 바탕한 계산기를 이용했다. 당시 계산기를 개발하던 방식을 보면, 이미지를 표시하는 디스플레이 기술도 계산기(컴퓨팅) 기술 연구 중 일부였다.

1950년 무렵이 되면, 문자를 프린터로 출력하는 기술과 병행해, 브라운관에 도트와 벡터, 즉 점과 선을 그려내는 기술이 발전해 단순한 도형이나 패턴을 생성할 수 있게 됐다. 이 기술이 기반이 돼 현대의 TV와 스마트폰 디스플레이에도 이용되고 있는 '픽셀'(화소)이 생겼으며, PNG 파일 같은 이미지 파일에 레드/그린/블루(RGB) 정보를 저장해서 인터넷이나 인쇄물 등에 이미지를 데이터로 유통할 수 있게 됐다.

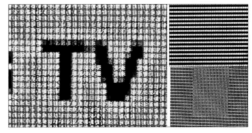

▲ 이미지를 구성하는 화소인 픽셀(pixel)이라는 단어는 NASA의 제트 추진 연구소(JPL)의 연구자가 만들었다.

1950~1970년대는 '제1차 인공지능 붐'이 일어난 시기다. 계산기를 활용해 뇌와 신경의 구조를 본뜬 '인공 뉴런'의 시뮬레이션과 회로를 통한 실기 도입이 왕성하게 진행됐다. 그중에서도 지금의 머신러닝의 기반이 되는 '퍼셉트론'을 활용한 패턴 인식 시뮬레이션이 진행된 것은 중요한 사건이다.

이 무렵에는 연구자들이 인공지능(Artificial Intelligence, AI)이라는 단어를 정의했다. 나아가 SF 작가인 아이작 아시모프가 쓴 《I. Robot》이나 데즈카 오사무가 그린 《철완 아톰》 등이 발표되며, 대중에게도 인공지능이라는 개념이 널리 알려졌다. 산업 부문에서는 트랜지스터와 집적회로의 연구 개발이 활발해서, TV 방송이 흑백에서 컬러로 변화했고, 다양한 디스플레이 장치가 발표됐으며, 영상 예술 및 매체 기술도 함께 발전했다.

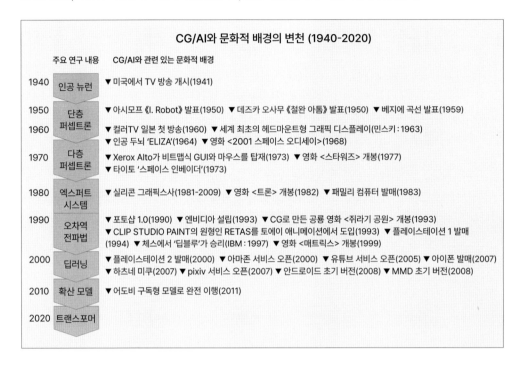

1970년대에 접어들면서, 일반 개인이 쓰는 컴퓨터가 등장했다. 제록스의 Alto는 시각적인 사용자 환경(GUI)과 마우스를 도입해 이후에 등장한 MacOS와 Windows의 기반을 마련했다. 동네 오락실에는 타이토의 '스페이스 인베이더'가 들어오고, 가정에서도 브라운관 TV와 반도체 기기로 다양한 그래픽을 뽐내는 'TV 게임'을 즐길 수 있게 됐다.

1980년대에는 인텔사가 현재의 CPU와 거의 동일한 구조를 지닌 제4세대 컴퓨터를 개발했는데, 이 컴퓨터는 폭발적으로 보급됐다. 인공지능 연구에서는 로봇과 이미지 처리, 제어 시스템 전문가가 중심이 돼 인공신경망을 발전시켰으며, 다층 퍼셉트론과 오차역 전파법(Back Propagation)이 발표되면서 현재 딥러닝의 기반을 마련했다. 산업 측면에서는 '엑스퍼트 시스템'이라는 지식 기반 AI가 '제2차 인공지능 붐'을 선도하고 거액의 투자가 이뤄졌다.

1977년 영화 <스타워즈>에 이어 <트론>이 개봉하고, 미국의 영화 업계와 깊은 관련을 맺던 연구자가 개발한 '포토샵'을 어도비사가 그래픽스 시장을 대상으로 1990년부터 판매했다. 또한 닌텐도가 '패밀리 컴퓨터'를 발매하면서, 게임 그래픽 분야는 콘텐츠와 디자인 시장 양쪽에서 크게 성장했다.

1990년대는 그래픽스 연구와 시장 확대가 진행된 시기이기도 하다. 영화 <쥐라기 공원>과 <매트릭스> 등, CG를 적극적으로 활용한 블록버스터 영화가 개봉하고, Mac과 Windows 등 GUI를 중시한 OS가 보급되면서, 개인용 컴퓨터와 소프트웨어도 대중화했다. CLIP STUIDIO PAINT의 원형인 RETAS를 토에이 애니메이션에서 도입하고, 프로 작가들도 스캐너와 스타일러스 펜을 활용한 디지털 작화를 시도했다. 1997년에는 IBM이 만든 체스 전용 슈퍼컴퓨터인 '딥블루'가 세계 챔피언인 카스파로프에게 승리하면서 큰 주목을 받았다.

2000년대가 되면서, 3D CG 및 인터넷 시대가 도래했다. 플레이스테이션 2가 발매되고 GPU 보급이 진행되면서, 사용자가 콘텐츠를 만드는 (UGC) 서비스가 일반화했다. 유튜브, 니코니코동화, pixiv가 서비스를 오픈하고, '하츠네 미쿠'와 3D 캐릭터 모델을 움직이도록 하는 MMD(Miku Miku Dance)가 발매됐다.

이어지는 2010년대는 스마트폰 보급이 확대된 시기다. 모든 사람이 1940년대와는 비교가 되지 않을 정도로 고성능인 계산기를 손에 들고 다니는 일은 놀랄 만하다. 그리고 게임 개발을 돕는 Unity, Unreal Engine 같은 도구가 시장을 크게 확대해 나가면서, 게임 그래픽스를 아무 기반이 없는 상태에서 전부 프로그래밍해 개발하는 일은 매우 드물어졌다.

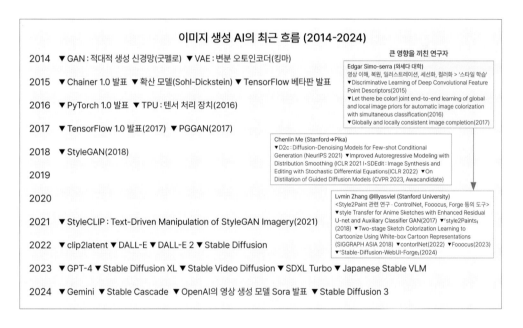

인공지능 연구에서도 전환점이 찾아왔다. 인터넷상의 막대한 문서 및 이미지를 스크랩(Web scraping)해서 집단지성으로 학습시키는 방식이 일반화된 것이다. 2000년에 서비스를 오픈한 아마존은 상품과 콘텐츠 추천을 표시하는 '추천 시스템'을 쇼핑 사이트에 활용하고 있다. 이 기술은 협조 필터링이라는 통계에 기반한 단순 알고리즘으로, 다양한 온라인 쇼핑 사이트에 이용되고 있다. 또, 18세기의 수학자인 토마스 베이즈의 확률론을 적용한 스팸 메일 필터링도 수많은 메일 시스템에 오픈 소스로 보급됐다. 이 덕분에 많은 사람의 머릿속에도 '머신러닝에 의한 집단지성과 개인화'라는 개념이 자리 잡았다.

나아가 컴퓨터 자체도 그래픽스 기술 덕분에 발전했다. 이전에는 CPU의 처리 속도를 높이려면 작동 주파수(클럭)를 올리거나 병렬화하는 방법밖에 없었으나, 이미 회로의 집적도는 한계에 달해 있었다. 이에 픽셀 처리 및 3D CG를 위한 벡터 계산에 능한 비디오 카드에 탑재된 GPU에 연산을 맡기는 게임이 늘면서, PC 게임과 게임기에서 GPU가 주류 장치로 떠올랐다.

GPU를 각 회사의 하드웨어 사이에서 공통 소프트웨어로 이용할 수 있도록 하는 DirectX와 OpenGL 등의 저(低) 레이어 CG 라이브러리 및 셰이더 언어 또한 게임의 3D CG 처리 고속화에 일조했다. 그리고 GPU를 과학 연산에 활용하는 'GP GPU'라는 연구 방법이 발표됐다. GPU는 단순한 연산 유닛을 다수 탑재하고 있기에, 높은 병렬성과 연산 밀도가 필요한 처리를 실행할 때 유리하다. 그 후 2007년에 엔비디아가 CUDA로 라이브러리화해서, 지금도 일반적으로 이용되고 있다. 이미지 생성 AI 분야에서 반드시 필요한 것이 개인도 이용 가능한 연산 기반(computing infrastructure-역주)인데, 이 말도 이때 생겨났다.

한편, 이때까지의 그래픽스 연구는 '인상파 화가가 그린 듯한 그림'을 재현하거나 만화 및 애니메이션 같은 그림을 생성하는 툰 셰이딩과 셰이더 기술, 절차적 프로그래밍 기술과 같은 창의적인 알고리즘을 활용하는 표현 방식에 집중해 왔다. 자동으로 그림을 그리는 로봇처럼 '목표 없는 과제'를 다루는 경우도 많았다.

그런 와중에 큰 변혁을 가져온 것이 머신러닝(Machine Learning, ML)인데 특히, 이미지 패턴 인식을 연구하는 사람들이 CG 분야에 합류한 시점부터 변화가 생겼다. 예전에는 그래픽 표현 분야의 과제에 목표란 것이 존재하지 않았으나, 이때부터 인공지능이 인터넷상에 공개된 대량의 이미지를 학습하고, '머신러닝 과제' 중 하나로 데이터 세트(샘플 데이터로 학습 효과를 측정할 때의 입력 데이터)와 평가 방법을 구축했다. 그리고 학습을 반복해 평가를 진행하고 모델을 구축한 후 추론에 따라 이미지를 생성하는 사례가 나왔다.

구체적으로 말하면, 이미지에 포함된 물체를 인식하는 일, 손글씨 인식, 인물의 자세 평가, 미소 및 연령 추정, 이미지 특징 평가, 흑백 이미지의 자동 컬러화, 스케치의 자동 선묘화, 노이즈 제거, 누락 이미지 보완, 초고해상도화 등을 말한다. 그 후에 화풍, 즉 스타일 학습에도 머신러닝 방법론이 도입된 2014년 무렵, 변분 오토인코더(VAE)와 적대적 생성 신경망(GAN)이 발표됐다.(후술) 이때부터 '생성할 수 있는 인공신경망'은 더욱 놀라운 발전을 거듭했다.

여기서부터는 여러분도 잘 알고 있듯이, 2010년 후반부터 생성형 AI의 기초가 되는 모델이 주역으로 활약한다. 2017년에 구글의 트랜스포머(Transformer)가 《Attention is all you need》라는 논문과 함께 발표됐다. 이것은 자연어 처리, 특히 전 세계의 다양한 언어 간의 번역 프로젝트에서 탄생했는데, 현재의 대규모 언어 모델의 핵심을 이루는 연구이며 '어텐션만 있으면 된다.'라는 매우 단순한 발상에 기인한다.

어텐션(attention)이란, 자연어 처리를 할 때 단어와 단어 사이의 공통 개념을 수치화한 데이터에서, 예측에 도움이 될 만한 부분에 가중치를 두고 주목하는 방식이다. '일본어는 주어 → 서술어' 혹은 '영어는 주어 → 동사 → 목적어' 등과 같이 '언어별 문법'을 학습하는 것이 아니라, 개별 단어(혹은 그보다 작은 단위인 문자)의 관계성에 중점을 둔다. 이는 대규모 연산 공간 및 무수히 많은 연산 횟수가 필요하지만, 한 번 학습해 두면 사전 학습의 성과가 금방 나타나므로, 소규모 컴퓨터 환경에서도 활용할 수 있다. 최근 몇 년간 연구가 거듭되면서, 트랜스포머는 지금까지 추진된 다양한 인공신경망 프로젝트에 적용돼 문장 요약, 음성, 음악, 이미지 스타일, 영상 등 폭넓은 추론 과제에 활용되고 있다.

이미지 생성과 관련한 프로젝트를 살펴보면, 2021년에 텍스트 이미지 생성 모델(text to image generation model)로 불리는 DALL-E를 OpenAI가 발표했으며, 2022년에 DALL-E 2가 제한적으로 공개됐다. 이어서 Discord에서 텍스트 이미지 생성이 가능한 Midjourney가 발표되고, 마침내 2022년 8월에 이 책에서 다루는 Stable Diffusion이 일반 PC의 GPU에서도 작동하면서도 누구나 무료로 다운로드할 수 있는 형태로 발표됐다. 이 덕분에 전 세계에서 이미지 생성 AI 도구를 활용해 이미지를 만들고 공유하는 사람들이 나타났다.

2023년이 되면서 이 같은 움직임은 더욱 가속돼, OpenAI가 GPT-4를 발표하고, OpenAI와 제휴 관계였던 마이크로소프트가 검색 엔진인 Bing에 GPT와 이미지 생성을 할 수 있는 DALL-E 3를 도입했다. Stable Diffusion을 공개한 Stability AI사는 그 후에 Stable Diffusion 2, 빛과 공간 표현이 가능한 Stable Diffusion XL, 영상을 만드는 Stable Video Diffusion, 초고속으로 고품질 이미지를 생성하는 SDXL Turbo, 일본어로 이미지를 해석할 수 있는 Japanese Stable VLM 등을 차례로 발표했다.

2024년에 접어들어서도, 미국의 그래픽 테크 산업을 중심으로 그 기세는 사그라들 줄 모르고 있다. 구글은 Gemini를 출시하면서 OpenAI 및 마이크로소프트와 별일 서비스 경쟁에 적극적으로 뛰어들었다. Stability AI 또한 완전히 새로운 이미지 생성 모델인 Stable Cascade와 Stable Diffusion 3를 발표했으며, OpenAI도 영상 생성 모델 Sora를 출시했다. 이것은 단순한 영상이 아니라, '세계 시뮬레이터'로 작동하는 최첨단 대규모 생성 모델이다. 물론 지금도 수많은 스타트업이 이미지 생성 기술과 영상 생성 기술 및 서비스를 발표하고 있다.

지금까지 이미지 생성 AI의 탄생과 변천을 간략히 알아봤다. 관심과 흥미가 있다면 인공지능을 수수께끼로 내버려 두는 대신에, 무료 애플리케이션으로 인공지능을 이해하고 자신이 원하는 이미지를 구체적으로 구현할 수 있는 시대가 됐다. 여러분이 역사의 전환점에 서 있다는 것을 인식하길 바란다.

현재 시점에서 'AI의 정의'를 생각해 보자

이 책을 쓰고 있는 2024년 현재, AI에 과연 어떤 개념과 정의를 내릴 수 있을까. 과거의 인공지능이란 존재와 비교해서 생각해 보자.

예전에 일본도 국운을 걸고 인공지능을 개발하던 시절이 있었다. 당시 AI는 인간의 논리적 사고 과정을 모방하고 자 하는 '규칙 기반 시스템'이다. 기술로 보자면, 지식 표현 및 논리적 추론에 중점을 두고 있었다. 요컨대, 컴퓨터 에 '만약 ~하면, ~하라'라는 규칙을 잔뜩 가르치고, 그 규칙을 활용해 정답을 찾는 방법이다. AI 시스템은 명시적 인 규칙과 논리를 기반으로 지식을 처리한다.

이를 '연역추리' 또는 'Top-down 접근'이라고 하며, 규칙 기반의 전형적인 방법론이다. '로봇에 의한 자동화'가 목적인 분야에서는 효과적일 수 있으나, '좋아하는 그림을 그리거나 표현하는 일' 또는 '누구에게나 적용되는 명확 한 규칙과 목표 설정'이 없는 경우에는 도입이 어렵다. 구체적으로 말하면, '다양한 표현을 활용한 아름다운 이미 지의 생성'이나 '인간과 협동으로 창작하는 일' 같은 과제는 정확성과 명확성이 없으므로 실행하기 어렵다는 뜻 이다.

현대 AI는 '규칙 기반'이 아니라, 주로 머신러닝과 딥러닝 기술로 구축된다. 이러한 기술은 대량의 데이터에서 패 턴을 학습하고 예측·추론·결정을 하는 'Bottom-up 접근' 또는 '귀납추리'라 할 수 있다. 새로운 기술이 적용된 덕 분에, 조건이 다양해서 목표 설정이 어려운 과제, 예컨대 이미지 인식, 자연어 처리, 게임 플레이 등과 같은 분야에 서 AI가 인간을 능가하는 성과를 내기도 한다. 컴퓨터에 정보와 데이터를 듬뿍 보여주면, 컴퓨터는 자신의 장기인 '반복적 기계 학습'을 통해 모델을 습득하며, 새로운 것을 예측하거나 문제 해결을 할 수 있다.

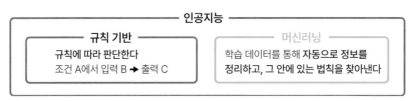

인공지능

규칙 기반	머신러닝
규칙에 따라 판단한다 조건 A에서 입력 B ➜ 출력 C	학습 데이터를 통해 자동으로 정보를 정리하고, 그 안에 있는 법칙을 찾아낸다

▲ 출처 : 《딥러닝G 검정(제너럴리스트) 최강의 합격 문제집 [제2판]》, Yang Jacqueline, 우에노 츠토무 지음, SB크리에이티브

2024년 들어 일반적인 AI 서비스 및 AI 모델로 널리 이용되고 있는 ChatGPT나 Stable Diffusion의 내부에도 구글의 트랜스포머가 도입돼 있다. 이는 수많은 책과 문장을 바탕으로 인간과 동물, 사건 등에 관한 일반적인 사실에서 패턴을 학습하고 모델을 수립해 추론하는 것이다. 방대한 계산 능력과 데이터, 애플리케이션과 사회 사이의 관련성 등에 있어서도, 과거 AI와는 확연히 환경이 달라졌다.

규칙 기반의 시대에서는 지금처럼 빠른 속도로 대규모 컴퓨팅 자원을 이용할 수 없었다. 또한, 인터넷 등장 이전에는 AI 시스템을 훈련할 대규모 데이터 세트도 제한적이었다. 그래서 복잡한 계산이 들어가지 않는 추상적인 문제 해결 방식을 선호했다. 한편, 지금의 AI 발전은 GPU 덕분에 월등히 증가한 연산 능력과 인터넷을 통해 확보한 막대한 데이터 세트로 이룩한 것이다. 이러한 발전을 거쳐 복잡하고 다양한 AI 모델을 훈련할 수 있었고, 예전에는 해결할 수 없었던 미지의 과제에도 도전할 수 있게 됐다.

애플리케이션을 보자면, 원래 인공지능의 특기였던 언어 번역이나 법률 또는 의료 분야를 다루는 전문가 대상 시스템에서부터 감시 카메라의 분석, 자율주행, 실시간 다국어 번역, 고도의 음성 인식, 개인화 추천 시스템 등에 이르기까지, 일상과 밀접한 관련이 있는 수많은 애플리케이션이 개발되고 있다. 특히 이미지나 문서 생성 같은 과제는 예전에 '가치가 없는 것' 또는 '난도가 너무 높아서 목표 설정이 어려운 것'으로 치부됐으나, 지금은 인간의 창조성을 지원할 수 있을 정도의 대규모 추론 모델이 문서 및 이미지 생성 분야에 등장했다. ChatGPT와 Stable Diffusion이 대표적이다. 이들은 지금 AI 혹은 생성 AI로 불리며, 2024년을 기점으로 더욱 인간의 활동을 확장하는 존재로 정의될 것이다.

그럼, 이들 기술의 기반이 되는 대용량 계산 리소스 및 대규모 데이터 세트를 활용한 머신러닝과 그 기본인 인공신경망(NN)과 관련한 기초 지식, 최첨단 '딥러닝(DL)'에 이르는 기술 발전의 흐름을 공부해 보자.

COLUMN 변해가는 사회와 AI 사이의 관련성

AI의 진보뿐 아니라, '사회와 AI 사이의 관련성' 또한 생성 AI의 등장을 계기로 큰 변화가 일어나고 있다. 기존 저작권 개념에 머신러닝과 추론에 의한 생성을 포함할지 여부, 그 책임 소재 및 학습 대상에 자신의 저작물을 포함할지 여부, 로열티(보수)를 어떻게 할지 등 전 세계에서 격한 논쟁이 벌어지는 중이다. Stable Diffusion 또한 초기 버전에서 최신 세대로 발전하면서 사회 문제에 적응하고 합의하는 과정을 거쳤으며 수많은 업데이트를 진행했다. 각국에서 인공지능과 관련한 법을 제정하고 있다.

인공신경망을 알아보자

현재 AI 기술에는 인공신경망과 이를 이용한 머신러닝이 필수 요소다. 여기서 더욱 자세하게 설명한다.

과거 AI와 비교해 현재 AI는 대용량 계산 리소스와 대규모 데이터 세트를 이용해 빠른 속도로 작동하는 머신러닝 기술에 기반하고 있다는 것이 특징이다. 여기서는 이 기술의 핵심인 인공신경망과 관련한 기초 지식과 최첨단 딥러닝을 알아보도록 하자.

⟫⟫ 인공신경망이란?

현대 AI에서 중심이 되는 개념인 인공신경망은 컴퓨터가 학습해 예측 및 판단을 행하는 기술 중 하나다. 인간의 뇌가 정보를 처리하는 구조를 재현해 수학적 모델로 만든 것이다. 뇌의 신경세포(뉴런)가 신호를 전달하는 것처럼, 인공신경망 또한 수많은 '노드(혹은 뉴런)'가 연결돼 신호를 전송한다.

인간을 포함해 모든 생물의 뇌에는 뉴런이라는 신경세포가 수없이 많이 퍼져 있으며, 이들이 서로 정보를 교환한다. 한 사람의 몸 안에 있는 뉴런과 시냅스를 전부 연결하면 100만 킬로미터 정도가 된다고 한다. 뉴런은 다른 뉴런에서 정보를 수신하거나 처리하고, 또 다른 뉴런에 정보(전기신호 → 신경전달물질)를 전달하며, 이러한 정보 전달이 일어나는 접합부를 '시냅스'라 한다. 이때 정보의 전달 형태(아래 왼쪽 그림의 좌 → 우 방향)가 강해지거나 약해지는 것이 '시냅스의 결합 정도'인데, 이것이 외적인 자극에 반응해 변화하는 현상이 바로 생물의 유연한 기억과 학습의 메커니즘이라 할 수 있다.

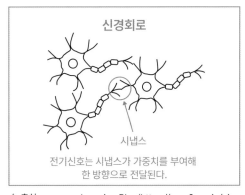

신경회로

시냅스

전기신호는 시냅스가 가중치를 부여해
한 방향으로 전달된다.

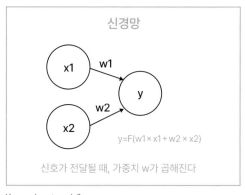

신경망

$y=F(w1 \times x1 + w2 \times x2)$

신호가 전달될 때, 가중치 w가 곱해진다

▲ 출처 : zero one Learning Blog(https://zero2one.jp/ai-word/neural-network/)

인공신경망은 인간 뇌에 있는 뉴런과 시냅스를 컴퓨터상에서 재현한다. 컴퓨터 내부에는 '노드'라고 하는 단위가 뉴런 역할을 하며, 이들이 가중치(weights)를 부여받아 연결된다. 바이어스(bias)는 입력이 0일 때 출력에 어느 값을 더 곱할지를 의미한다. 이렇게 대량의 '가중치와 바이어스'의 세트가 네트워크 모델이 되며, 이를 조절하며 입력 자극과 출력 결과를 평가해 나가는 과정이 모델 학습이다.

》》 역전파법(Back Propagation)에 따른 학습

모델을 훈련하고 조정하는 방법 중 하나가 '역전파법'이다. 이는 네트워크가 정답을 도출할 수 있도록 가중치와 바이어스를 조절하는 프로세스를 말한다. 인공신경망이 도출한 해답과의 오차를 계산해, 오차를 줄이는 방향으로 네트워크 전체의 가중치를 조금씩 수정한다. 네트워크에 대한 손실 함수(loss function), 즉 '출력값이 얼마나 정확한지'를 나타내는 함수를 정하는 것이다. 역전파법에는 아래와 같이 네 가지 단계가 있다.

(1) 전향전파(Forward Propagation) : 네트워크에 입력값을 넣고 모든 층위에서 계산을 진행해 최종 출력(예측값)을 구한다. 이 시점에서는 네트워크의 가중치가 무작위이며 이전 학습에서의 값이 활용된다.
(2) 오차 계산 : 네트워크의 출력(예측값)과 실제 정답(타깃)과의 차이를 계산한다. 이 차이를 '오차'라고 한다. 오차를 평가하는 데 손실 함수를 이용하며, 예측이 얼마만큼 정확한지 또는 어긋났는지 수치로 나타낸다.
(3) 역전파(Back Propagation) : 계산된 오차를 출력층에서 입력층으로 역방향 전파한다. 각 층의 가중치에 대한 오차의 '책임'을 계산해 어느 정도 가중치를 조절하면 오차가 감소할지를 구한다.
(4) 가중치 갱신 : 오차를 최소화할 수 있도록 네트워크의 가중치를 갱신한다. 이때 확률적 경사 하강법이라는 최적화 방식을 활용한다. 학습률이라는 파라미터가 가중치를 조절할 양을 결정한다. 학습률이 너무 높으면 학습이 불안정해지고, 너무 작으면 학습에 시간이 오래 걸린다.

결과적으로, 가중치(W)는 각 입력 신호의 기여도를 나타낸다. 이를 통해 어떤 입력 항목이 뉴런의 출력에 얼마나 영향을 미쳤는지 알 수 있다. 입력 신호가 중요할수록 그 입력과 관련된 가중치는 커진다. 요컨대, 가중치는 입력 신호의 중요성과 영향력을 조절하는 역할을 한다. 그리고 바이어스(B)는 뉴런 활성화의 역치에 해당한다. 바이어스에 따라 뉴런에 어느 정도 입력을 하면, 출력을 진행하는지(활성화하는지) 조절된다. 입력의 합계가 0에 가깝거나 매우 작더라도, 바이어스가 있다면 뉴런이 활성화하는 모델이 될 수 있다.

〉〉〉 인공신경망의 다층 구조

앞서 뉴런의 단순한 움직임을 설명했지만, 일반적인 인공신경망에는 다층 구조가 있으며 역할에 따라 크게 세 가지로 나눠진다. 첫째로 입력층(Input Layer)은 데이터를 전달받는 부분이다. 예를 들어 이미지 인식의 경우, 이미지의 픽셀값이 입력이다. 두 번째로 은닉층(Hidden Layers)이 하나 이상 존재하며, 복잡한 계산 및 특징의 추출을 실행한다. 그리고 입력층에서 온 데이터를 가공하고, 출력층에 보내는 역할을 실행한다. 세 번째는 출력층(Output Layer)으로, 최종 결과 및 예측을 출력한다. 예컨대 개와 고양이를 분류할 때, 출력층에서 개인지 고양이인지 예측 결과를 표시한다. 수많은 은닉층이 존재하는 (심도 있는) 네트워크로 학습하는 것이 '딥러닝'이며, 더욱 복잡한 특징과 패턴을 학습할 수 있다.

딥러닝 방법론은 수없이 발표된 바 있다. 그중 하나로 손글씨 이미지를 인식할 수 있는 합성곱 신경망(Convolutional Neural Network, CNN)의 실제 처리 과정을 살펴보자. 합성곱 신경망은 네트워크 왼쪽에 문자로 입력 이미지를 넣으면, 다수의 라벨이 붙어 있는 후보 중에서 해당 문자를 판정해 출력하는 다층 신경망이다.

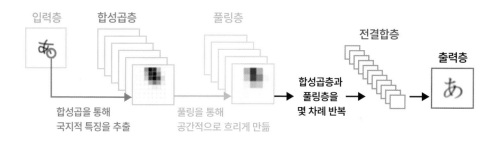

▲ 출처 : ITmedia 5분으로 이해하는 딥러닝 (https://atmarkit.itmedia.co.jp/ait/articles/2104/26/news031.html)

인공신경망에서 행하는 합성곱(Convolution)은 수학적으로 함수 두 개를 결합해 새로운 함수를 생성하는 작업을 말한다. 이 프로세스는 신호 처리, 이미지 처리, 통계학, AI 이미지 생성 등과 관련한 많은 분야에서 폭넓게 이용되고 있다. 콘트라스트를 강조하거나, 에지 검출을 하는 격자 형태의 수치 데이터인 커널(혹은 필터)과 이와 동일한 사이즈인 부분 이미지(윈도우라고 함)의 수치 데이터를 대상으로 곱의 합을 계산하고, 이를 수치 하나로 변환하는 처리가 합성곱이다. 윈도우를 조금씩 물러가며 변환 처리를 하면, 작은 격자형 수치 데이터로 변환할 수 있는데, 이를 '텐서'라 하며 이미지 특징을 나타낸다.

▲ Photoshop의 [필터] → [기타] → [커스텀]으로 커널을 만들 수 있다.

손글씨 문자 인식의 사례로 돌아가서, 원래 '크기가 32×32인 이미지'를 '28×28×20장 합성곱층'에 통과시킨다. 이 합성곱층은 입력층이라 하며, 필터(커널)가 반복해서 창문처럼 이미지 위를 이동하며 모든 픽셀을 처리한다. 그리고 픽셀 요소별로 곱셈해서 결과의 합계치(곱의 합)를 출력한다. 이어서 필터를 일정 픽셀 수만큼 슬라이드해서(스트라이드), 입력 데이터 전체에 걸쳐 이 과정을 반복한다. 그렇게 하면, 맨 처음의 입력 데이터에 대한 필터의 응답을 나타내는 텐서인 특징(특성) 지도(feature map 또는 활성화 지도)가 생성된다. 특징 지도는 데이터를 입력했을 때 필터에 대응하는 특징의 '공간적 분포'다. 요컨대 손글씨 문자 인식의 경우, 다양한 그림 이미지 입력에 대해 '어디에 어떤 선이 존재하는가'를 특징짓고 평가할 수 있다.

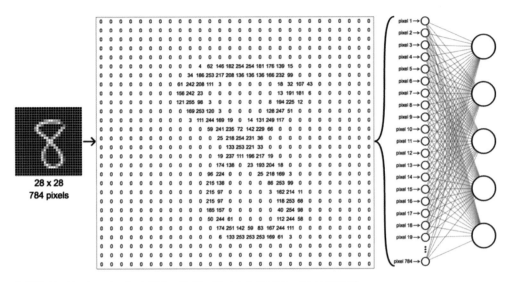

▲ 출처 : Machine Learning for Art(https://ml4a.github.io/ml4a/jp/neural_networks/)

GitHub - Machine Learning for Art/Demo: 인공신경망
https://ml4a.github.io/demos/forward_pass_mnist/

이때 합성곱 계층은 특징 추출(feature extraction), 즉 특정 성질(에지, 텍스처, 색 등)이 입력 데이터의 어떤 부분에 존재하는지 검출하는 것을 목적으로 하지만, 다음의 '풀링층'은 합성곱 계층에 의해 추출된 '특징 지도의 사이즈를 축소하는 것'이 주된 목적이다. 이 층에서는 특징 지도를 작은 영역으로 분할해 각 영역에서 최대치(최대 풀링)와 평균치(평균 풀링)를 선택한다. 이미지를 흐릿하게 만드는 것과 유사하다. 이를 통해 출력된 특징 지도의 크기가 작아지고 계산량이 감소한다. 또한 풀링을 거치면 사소한 위치 변화에 대한 불변성이 모델에 부여된다. 그러면 이미지 내의 선이 조금 이동하거나 회전하더라도 같은 이미지로 인식할 수 있다.

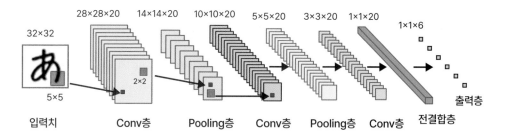

▲ 손그림 이미지의 평가에 대한 CNN 구성 예. 출처 : DeepAge '표준적인 합성곱 인공신경망을 0에서부터 이해한다'
(https://deepage.net/deep_learning/2016/11/07/convolutional_neural_network.html)

이렇게 '특징 차원 삭감'과 '불변성 획득'을 반복해 적용한 후, 마지막으로 특징 지도는 전결합층(Fully Connected Layer)에 전달된다. 전결합층에서는 지금까지 추출한 특징들을 토대로, 이미지가 어떤 클래스(≒종류)에 속하는지 판정한다. 앞서 예로 든 손글씨 문자 인식에서는 '아'와 '메'라는 글자를, 이미지 분류라면 개, 고양이, 사람 등을 식별할 수 있는 것이다. 이 층위에서는 각각의 입력을 모든 출력에 연결하는 가중치를 얻어, 각각의 클래스가 '얼마나 가까운지'를 유사도로 표현할 수 있다. 이렇게 추출된 특징에 최종 분류와 회귀 등의 처리를 거치면 정확도 및 안정성을 높일 수도 있다.

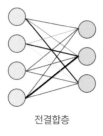

전결합층

▲ 출처 : DeepAge '표준적인 합성곱 인공신경망을 0에서부터 이해한다' (https://deepage.net/deep_learning/2016/11/07/convolutional_neural_network.html)

이들 인공신경망을 복수 연결하는 것도 가능하다. 예컨대 이미지 분류라는 과제라면, 일반적인 동물 이미지(개, 고양이, 기린, 사람…)를 입력한 후, 사람의 얼굴을 인식했을 때 강한 반응을 보이는 인공신경망에 미소, 화난 얼굴, 연령 추정, 표정 분류라는 네트워크를 연결해서 마치 인간의 감정을 읽어내는 듯한 이미지 인식 네트워크를 구축할 수 있다.

이와 같은 인공신경망의 다층 구조는 앞으로 다룰 Stable Diffusion에서도 활용되고 있는데, 역할이 서로 다른 3개의 큰 구조를 결합해 '텍스트에서 이미지를 생성한다는 과제'를 수행한다. 그러나 분류하는 과정을 보여주는 사례만으로는 이미지 생성 프로세스를 이해하기 어려울 것이다. 다음에서 잠재 확산 모델을 설명한다.

확산 모델에 의한 이미지 생성 원리를 알아보자

이 장에서는 지금까지 익힌 지식을 토대로, Stable Diffusion이 어떻게 이미지를 생성하는지
설명한다.

Stable Diffusion은 주어진 텍스트(명령어)에서 이미지를 생성한다. 그 과정을 보면, 텍스트를 해석해 그것이 나
타내는 이미지의 특징을 보유한 잠재 공간(latent space–역주)에서 노이즈를 제거하고, 고해상도 작업을 거친 후
에 이미지를 만들어내는 것이라 할 수 있다.

아래는 Stable Diffusion을 이용한 이미지 생성 과정을 입문자도 쉽게 이해할 수 있게 설명한 그림이다. 그림의
화살표는 입력한 정보가 어떤 공정을 거쳐 이미지가 되는지 나타낸다. 여기서는 대략 어떤 과정으로 텍스트가 이
미지로 변하는지 파악하자.

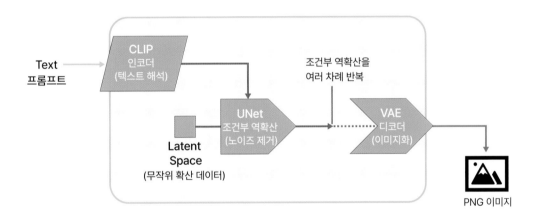

맨 처음에는 텍스트(프롬프트와 네거티브 프롬프트)가 왼쪽 위에 있는 CLIP이라는 구조에 입력된다. CLIP의 앞단
에는 UNet이라는 대규모 인공신경망의 무리가 연결돼 있다. 여기서는 CLIP에서 주어진 프롬프트와 이미지 연관
이라는 조건을 기반으로 '조건부 역확산'이 진행된다. 이러한 역확산 과정에서는 주어진 조건에 합당한 최종 결과
물이 나올 때까지 반복해 '무(無)의 이미지(를 잠재 공간에 변환한 것)'에서 확산 노이즈를 제거한다. 이를 통해 주어
진 조건에 합당한 '이미지(를 잠재 공간에 변환한 것)'로 복원한다. 마지막으로 VAE를 통해 잠재 공간에서 이미지로
변환(디코딩)돼, 우리 눈으로 볼 수 있는 생성 이미지가 완성된다.

이들 과정은 크게 인공신경망 셋으로 형성된 구조에서 진행되며 각각 CLIP, UNet, VAE로 나눠 이해할 수 있다.
이제부터 더욱 자세하게 각각의 구조와 역할을 알아보겠다.

>>> 언어를 해석하는 CLIP의 구조

이 책에서 중점적으로 소개하는 SDXL에는 OpenAI가 개발한 CLIP-ViT/L과 오픈 소스인 OpenCLIP-ViT/G, 데이터 세트인 LAION이 적용돼 있다.

GitHub - mlfoundations/open_clip
https://github.com/mlfoundations/open_clip

CLIP(Contrastive Language-Image Pretraining : 대조적인 이미지와 언어를 사전 학습한 오토인코더)이란, 언어 모델과 번역에 쓰려고 OpenAI에서 2021년 2월에 출시한 언어와 이미지의 멀티모달(Multi Modal, 여러 가지 유형의 데이터 또는 정보를 함께 활용해 인공지능 시스템을 구축하는 접근 방식–역주) 모델이다. Stable Diffusion에서는 그중에서 텍스트 인코더 부분을 활용해 프롬프트를 해석한다.

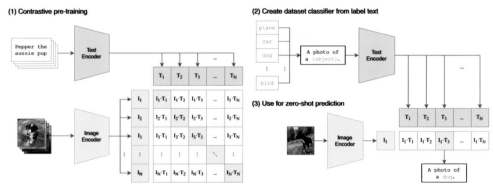

▲ 출처 : GitHub openai/CLIP(https://github.com/openai/CLIP)

기본적인 이미지 생성 과정은 사용자가 입력하는 텍스트(프롬프트)에서 출발한다. 우선은 입력된 텍스트에서 어떤 특징을 가진 이미지를 만들면 되는지 해석한다. 그리고 향후 공정에서 다루기 쉽도록, 해석한 정보를 인공신경망에서 공통으로 다루는 저차원 데이터인 특징 데이터 '잠재 공간'에 변환해 둔다. CLIP은 반복적으로 이 '잠재 공간'을 다음 단계에 전달해 이미지 생성의 방향성을 제어하는 것이다.

CLIP이 언어 해석을 할 수 있는 이유는 무엇일까. 그것은 이미지와 언어를 공통의 저차원 데이터인 잠재 공간을 통해 변화하는 과정에서, 텍스트와 이미지 사이의 의미와 관계성을 이해할 수 있도록 훈련받았기 때문이다. 텍스트 인코더라고 하는 인공신경망이 프롬프트를 해석하며 텍스트를 토큰(텍스트의 덩어리)으로 분해하는 부호화 처리를 실행한다. 여기서 분해되는 토큰은 단어 단위인데, 문자 레벨일 때도 있으며 다양한 상태가 될 수 있다.

>>> 생성 과정을 진행하는 UNet의 구조

다음 구조인 UNet은 거대한 인공신경망이다. 노이즈 데이터에 있는 아주 사소한 특징과 시간축을 단서로 불필요한 노이즈를 예측해 제거하고, 특징 데이터의 잠재 공간을 생성한다.

UNet에서 이용하는 '확산 모델'은 특징 데이터의 잠재 공간에 노이즈를 가해서 시간축에 따라 확산하는 프로세스를 학습하고, 이를 거꾸로 거슬러 확산 상태의 데이터와 시간 정보로부터 부가된 노이즈를 예측해 제거한 후, 특징 데이터를 복원하는 것이다. 예컨대, 아래 그림은 포토샵을 이용해 원래 이미지(오른쪽 아래)에 25%씩 가우스 잡음(정규 분포와 동일한 확률 밀도 함수를 갖는 신호 잡음, Gaussian Noise-역주)을 가한 것이다.

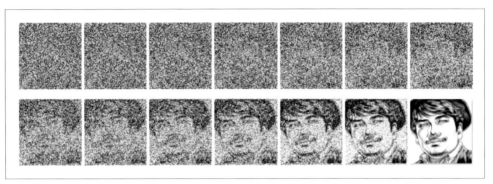

▲ 포토샵을 이용해 원래 이미지(오른쪽 아래)에 25%씩 가우스 잡음을 가한 상태. 왼쪽 위에서 오른쪽 아래로 역확산을 한다.

오른쪽 아래의 이미지에 노이즈를 가하면, 처음에는 흐릿하게 원래 이미지가 보이지만, 서서히 노이즈가 확산되면서 왼쪽 위처럼 원래 이미지를 전혀 구별할 수 없는 상태가 된다. 이러한 확산 프로세스의 시간 진행은 인간의 처지에서 보면 '어느 정도는 예상할 수 있다.'라고 생각된다. UNet은 이러한 '역전파' 프로세스를 머신러닝을 이용해 학습한다. 가우스 잡음이 시간상으로 연속해서 이상적인 형태로 확산을 한다는 현상을 이용해, 이와는 반대로 노이즈만 존재하는 상태(왼쪽 위 : 시드)에서 '가우스 잡음을 제거하는 학습'을 적용하고 노이즈를 제거(디노이징, denoising)하는 과정에 CLIP의 '조건 부여'를 진행한다.

이 학습을 더 자세히 알아보자. 확산 전후를 비교해 학습이 진행되기 때문에, 학습 시점에서 보면 이는 확산 상태에서 복원하는 과정이라 할 수 있다. 하지만 관점을 바꾸면, 확산 상태에서 데이터를 복원하는 훈련을 충분히 거친 인공신경망은 완전 무작위한 확산 데이터와 시간 정보가 입력됐을 때도 거기서 어떤 특징을 지닌 데이터를 만들 수 있다는 것을 추측할 수 있다. 이미지 생성 과정이라 부르는 이유가 바로 여기에 있다.

하지만 아직은 입력 시의 무작위 데이터를 기반으로 생성하기만 할 뿐이기 때문에, Stable Diffusion의 UNet에서는 노이즈를 예측해 제거하는 과정에서 CLIP이 해석한 텍스트 지시를 조건으로 부여한다. UNet은 원래 CT 같은 의료 사진에서 영역을 판정하는 네트워크다. Stable Diffusion의 UNet은 내부에 ResBlock이라는 Residual(잔차)과 확산 모델에서 시간을 다루는 블록, AttnBlock이라는 CLIP에서 나온 조건을 어텐션으로 하는 블록 등으로 구성돼 있다. CLIP은 AttnBlock 블록을 사용해 그 조건을 프롬프트에 붙여넣는다. 이를 이용해 특징 없는 무작위한 확산 상태의 데이터에서 텍스트로 지시한 특징이 포함된 데이터를 생성할 수 있다.

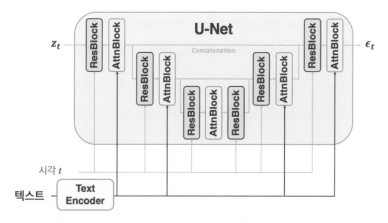

▲ 출처 : 전 세계에 충격을 준 이미지 생성 AI 'Stable Diffusion'을 철저 해설! (https://qiita.com/omiita/items/ecf8d60466c50ae8295b)

〉〉〉 이미지로 변환하는 VAE의 구조

마지막으로 UNet에서 시뮬레이션한 특징 데이터 '잠재 공간'을 인간이 인식하고 다룰 수 있도록 이미지 데이터로 변환해 출력하는 과정에서 VAE 디코더가 사용된다.

VAE 디코더를 포함한 VAE는 CLIP과 마찬가지로 오토인코더로 분류할 수 있다. 그중에서도 VAE는 이미지에서 특징 데이터를 추출해 분석하고, 원래 이미지로 되돌리는 훈련을 받아 이에 특화돼 있다. 이중 VAE 디코더만 이용해도 특징 데이터 잠재 공간에서 이미지로 변환할 수 있다. 통상 이미지를 입력하면 인코더가 '잠재 공간'으로 한번 해석한 후, 디코더를 사용해 이미지로 되돌리는데, 정보량의 압축이라고도 할 수 있는 과정의 후반부가 디코더의 역할이다.

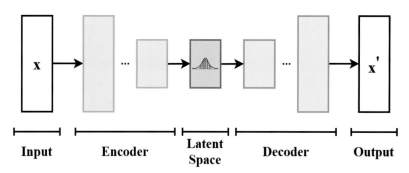

▲ 출처 : Variational autoencoder(https://en.wikipedia.org/wiki/Variational_autoencoder)

이상 각각의 과업에서 사전 학습을 실행한 세 가지 구조를 합치면, 압축된 '잠재 공간'을 통해 입력된 텍스트를 해석하고 그 특징을 붙여넣은 이미지 데이터를 생성하는 구조가 생긴다. 하지만 현재 상태로는 각각의 구조를 연결하는 특징 데이터에 통일성이 없으므로, 아직 사용자가 의도한 이미지를 생성하지 못한다.

이러한 구조에서, 입력 데이터를 '이미지를 표시하는 복수 텍스트(프롬프트)'로 하고 출력되는 데이터를 '입력 텍스트(프롬프트)가 나타내는 특징을 띠는 이미지'로 해서 대량의 데이터로 반복 훈련한 다음, 인간이 사용하는 언어를 해석하고 그로부터 이미지를 생성하는 과업을 달성할 수 있게 만드는 것이 텍스트 이미지 생성의 기본 설계다. 이제 어느 정도 이해가 됐을 것이다.

≫≫ 향후 Stable Diffusion의 발전 방향

실제로 2022년 8월에 무료로 공개된 Stable Diffusion은 전 세계에 큰 반향을 불러일으켰다. 이 책에서는 Stable Diffusion 1.5(SD 1.5)와 그 후속 버전인 Stable Diffusion 2.1(SD 2.1), 최신 모델이며 빛과 그림자의 공간 표현에 강점이 있는 Stable Diffusion XL(SDXL)을 중점적으로 다룬다. SDXL에는 VAE와 더불어 Refiner라는 화질 개선 기능이 추가됐으며, 베이스 모델에 두 가지 텍스트 인코더(OpenCLIP-ViT/G와 CLIP-ViT/L)가 적용돼 있어서 '잠재 공간'에 더 다양하게 붙여넣기가 가능해졌다. 이는 실질적으로 두 가지 프롬프트를 동시에 실행할 수 있음을 뜻한다. 이처럼 Stable Diffusion은 나날이 발전하고 있다.

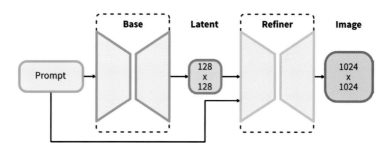

▲ 출처 : stabilityal/stable-diffusion-xl-refiner-1.0(https://hugingface.co/stabilityai/stable-diffusion-xl-refiner-1.0)

최근에 초고속으로 이미지 생성이 가능한 Stable Diffusion XL Turbo와 U-Net을 쓰지 않는 Stable Cascade, 영상을 생성할 수 있는 Stable Video Diffusion, 고품질로 문자를 생성할 수 있는 Stable Diffusion 3 등을 전부 오픈 소스로 론칭한다는 발표가 있었다. 여기까지 이르는 연구는 SDEdit라는 이미지 합성 연구가 일반에도 무료로 공유됐기 때문에 급속도로 보급되고 발전돼 왔다고 할 수 있다. OpenAI의 Sora처럼 영상 합성을 할 수 있는 모델을 개발한 사람들을 포함해 전 세계의 연구자와 개발자가 지금도 이를 보면서 비교 연구하고 발전을 거듭하는 중이다. 우리 또한 새로운 기술에 그저 경탄하기만 한다면 금세 뒤처지고 말 것이다. 모쪼록 기술을 직접 접해보고 시험해 보자.

길어졌지만 챕터 1에서는 텍스트 이미지 생성을 체험하고, 그 배경에 있는 기술들의 심오하고 장대한 역사를 배웠으며, Stable Diffusion의 내부 구성을 알기 쉽게 해설했다. 이로써 Stable Diffusion이 어떤 역사적 흐름에서 태어났고, 어떤 식으로 이미지를 생성하는지 조금 이해했을 것이다. 이어지는 챕터 2에서는 실제로 여기서 소개한 세 가지 구조를 클라우드 환경 및 컴퓨터상에서 구축해 본다. 이 책 한 권으로 인공지능 기술의 기본과 구조, 이미지 생성 테크닉까지 익혀보자.

Chapter

2

환경 구축을 시작해 보자

Stable Diffusion을 자신의 PC나 태블릿, 스마트폰에서 조작
할 수 있도록 우선은 기본 프로그램 설치 및 초기 설정을 진행한
다. 클라우드 컴퓨팅에도 도전하자.

Stable Diffusion을 사용할 환경을 준비하자

지금부터 Stable Diffusion을 사용할 환경을 마련하자. 애플리케이션을 쾌적하게 사용하려면
자신의 PC 환경과 이용하고자 하는 기기(디바이스)에 가장 적합한 환경을 구성해야 한다.

>>> AI를 이용한 이미지 생성에 도전해 보자

챕터 1에서 설명했듯이 Stable Diffusion이 이미지를 생성하려면 고도의 계산 능력이 필요하다. 현재 이 역할은
CPU(Central Processing Unit)와 GPU(Graphics Processing Unit)라는 연산처리장치가 담당한다. 특히, 고도의
계산에 능한 GPU는 AI의 학습과 추론에 자주 활용된다.

현존하는 생성 AI의 모델을 이용하려면 일반적으로 고도의 연산처리장치를 준비해야 한다. 생성 AI가 원활하게
돌아갈 정도의 GPU를 탑재한 PC를 구입하려면 200만 원 안팎의 비용이 들어간다고 봐야 할 것이다. 하지만
Stable Diffusion을 고성능 PC를 보유한 사람만 쓸 수 있냐 하면, 꼭 그런 것만도 아니다.

왜냐하면 클라우드 컴퓨팅이란 기술 덕분이다. 이 기술을 이용하면 인터넷 통신에 연결된 외부의 계산 장치 및 기
억장치를 마치 자신의 PC처럼 사용할 수 있다. 원래 필요한 초기 투자를 거의 하지 않아도 되며, 비용도 매월 몇만
원 정도다.

이미 AI를 작동시킬 만한 환경을 갖춘 사람뿐만 아니라, 시험 삼아 사용해 보고 싶은 사람이나 PC 외의 기기로 사
용하고 싶은 사람도 모두 클라우드 서비스를 이용하면 가능하다. 이 책에서는 구글 Colaboratory(이하 Colab)라
는 클라우드 컴퓨팅 서비스를 이용한 이미지 생성 환경의 도입 및 지원을 설명한다.

책의 마지막 부분에 이르기까지, 생성 AI의 진입 장벽이기도 한 '비용'과 '수학 및 프로그래밍 지식'에 구애받지 않
아도 되도록 내용을 구성했다. 모쪼록 끝까지 이 책을 읽고 나서, 이미지 생성 AI를 더욱 심도 있게 이해했으면
한다.

>>> 자신에게 가장 적합한 사용 환경을 찾아보자

그럼 실제로 다음 장부터 곧바로 환경 구축 작업을 할 수 있도록, 자신의 필요 및 상황에 맞춰 가장 적합한 환경을 찾아보자. 아래 그림을 참고해 자신의 조건을 대입하면, 이 책에서 제공하는 Stability Matrix 환경 혹은 구글 Colab 환경 둘 중 하나에 도달한다. 구글 Colab은 구글 계정으로 소액의 월정액 결제만 하면 이용할 수 있으므로, 망설여진다면 이를 선택할 것을 추천한다.

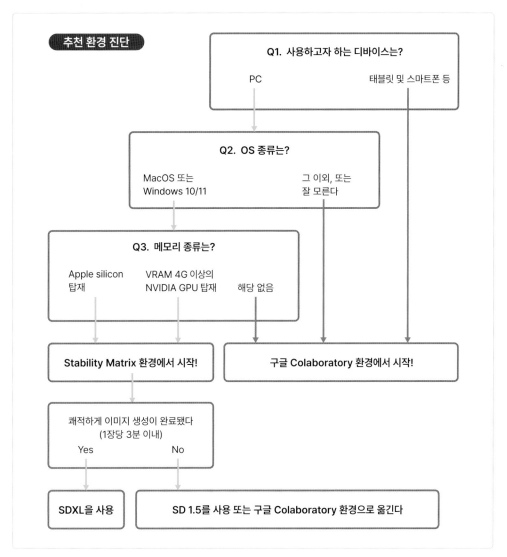

▲ 이 책에서는 Google Colab 환경을 중심으로 설명하기 때문에, AUTOMATIC1111 이외의 WebUI는 다루지 않는다. 하지만 Stability Matrix 환경에서는 Fooocus, Forge, ComfyUI 등 다른 WebUI를 선택할 수 있다. 이때의 사용 방법은 책의 설명과 다르다. 공통 용어도 많으므로 자신이 선택한 환경에서 이미지 생성에 익숙해지면 여러 UI를 사용해 보고, 자신에게 가장 적합한 환경을 선택하는 것을 추천한다.

구글 Colab에서 해보는 환경 구축

구글 Colab에서 Stable Diffusion을 이용하는 환경을 구축하는 방법을 소개한다. 강력한 파이썬 환경을 손쉽게 활용할 수 있는 Colab의 이용 방법도 알아보자.

⋙ AUTOMATIC1111/stable-diffusion-webui란?

AUTOMATIC1111/stable-diffusion-webui(이하, A1111)이란 Stable Diffusion의 이미지 생성에 쓰이는 WebUI(웹브라우저에서 이용하는 인터페이스)로, 전 세계의 수많은 사용자가 활용 중이다. 오픈 소스로 개발돼 누구나 무료로 이용할 수 있다.

🌐 **GitHub - AUTOMATIC1111/stable-diffusion-webui**
https://github.com/AUTOMATIC1111/stable-diffusion-webui

≫≫ 구글 Colab의 유료 요금제를 계약한다

구글 Colab의 정식 명칭은 Google Colaboratory이며, 구글 리서치가 제공하는 서비스다. 구글 드라이브를 이용할 수 있는 구글 계정이 있으면 기본적으로 무료로 이용할 수 있다. Colab은 브라우저에 구축된 파이썬 환경으로 프로그램을 실행할 수 있기에 머신러닝 및 데이터 분석, 교육 등에 활용하는 데 매우 적합하다. 자신의 PC 사양이 충분치 않거나 더 쾌적하게 이미지 생성을 진행하고 싶다면, 구글 Colab을 활용해 Stable Diffusion을 이용하면 된다.

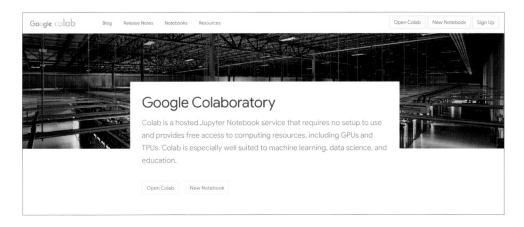

단, 현재의 구글 Colab은 무료 계정을 통한 Stable Diffusion WebUI 실행을 권장하지 않고 있으므로 유료 요금제인 Colab Pro를 이용할 것을 추천한다. 무료 라이선스와 달리 훨씬 강력한 연산 환경으로 업그레이드할 수 있다. 한 달에 9.99달러로 이용 가능하므로 AI 모델을 써보고 싶지만 비싼 GPU를 탑재한 컴퓨터를 사는 것이 부담된다면, 일단 시험 삼아 해보면 좋을 것이다.

그럼 맨 먼저, 이미지 생성을 실행하고자 하는 구글 계정에 로그인한다. 실행할 계정은 회사나 학교 계정이 아니라 개인 계정을 사용하자. 다음으로, 원활한 조작을 위해 미리 유료 요금제 가입을 해두자. Google Colabotory를 검색해서 열자. 자기에게 맞는 요금제를 선택하고, 결제 수단을 등록하면 가입이 완료된다.

🌐 **Google Colabotory / 자신에게 맞는 Colab 요금제를 선택한다**
https://colab.research.google.com/signup?authuser=2

》》 구글 Colab에서 Stable Diffusion을 실행한다

이어서 AICU의 GitHub 페이지를 연다.

 GitHub - aicuai/Artist-Guide-for-SDXL
https://j.aicu.ai/SBXL1

Preview-Open in Colab ❶ 이라는 링크를 클릭해, Colab 메모장을 연다.

지금 이용 중인 프로그램의 원작은 TheLastBen의 fast-stable-diffusion이다.

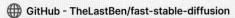

GitHub - TheLastBen/fast-stable-diffusion
https://github.com/TheLastBen/fast-stable-diffusion

AICU사는 fast-stable-diffusion을 이미지 생성 AI 초보자가 알기 쉽게 수정했고, 이 책에서 소개하는 구글 Colab 환경의 해설은 이 프로그램을 이용해 진행한다. 피드백은 상기 GitHub의 Issues 또는 X(Twitter)@AICUai에 남기길 바란다.

AICU사의 GitHub 페이지에서 Colab 메모장 페이지로 이동하고, 자신의 드라이브에서 작업하기 위해 '파일-드라이브에 복사'를 선택한다. 그리고 오른쪽 위에 있는 '새로운 런타임에 접속' ❷ 을 클릭한다.

그러면 새로운 런타임 접속이 만들어지며, '접속처'가 표시된다. 이어서 '편집 → 메모장 설정' ❸ 을 선택해 현재의 설정을 확인한다.

여기서는 '런타임 타입 : 파이썬 3' ❹, '하드웨어 엑셀러레이터 : T4 GPU' ❺ 를 선택하고, '저장'을 클릭한다. 이렇게 하면 메모장의 실행에 대한 설정은 완료된다.

▲ 여기서는 메모장의 실행 환경에 대한 설정을 진행한다. 테스트 차원이므로 일단은 T4 GPU를 선택하자.

코드 셀을 실행한다

다음은 메모장의 실행이다. 우선, 환경을 구축하기 위해 데이터를 다운로드하자. 메모장을 아래로 스크롤해서 Connect Google Drive의 ▶ '셀을 실행' ❻ 을 클릭한다. 그러면 구글 Colab용의 파이썬으로 쓰인 프로그램이 실행되는데, 이를 '코드 셀'이라고 한다.

셀을 실행하면, 맨 먼저 "이 메모장은 구글에서 만들어진 것이 아닙니다."라는 경고가 표시된다. 이 경고는 이 프로그램처럼 외부에 저장된 메모장을 이용할 때 표시되는 것으로, 여기서는 '그대로 실행' ❼ 을 선택해 진행하자.

그러면 "이 메모장에 구글 드라이브의 파일에 대한 접근을 허가하시겠습니까?"라는 확인 메시지가 나온다. '구글 드라이브에 접속'❽ 을 선택하면, 다시 새 창이 열리면서 '계정 선택'을 하게 된다. 자신이 이미지 생성 작업을 진행하고자 하는 구글 계정을 선택해 접속을 허가하자.

코드 셀의 실행이 정상적으로 완료되면, ▶ 아이콘 옆에 체크 표시와 실행 시간이 나타난다. 여기까지 설정을 끝내면, 왼쪽의 폴더 화면에 gdrive라는 폴더❾ 가 만들어진다.

▲ 이 작업은 생성된 이미지 및 삭제를 원하지 않는 파일을 구글 드라이브에 저장하는 데 필요한 과정이다.

여기서 gdrive 외의 폴더는 메모장을 작동시키고 있는 상태에서 가상으로 만들어진 것이므로, 구글 Colab 세션이 종료되면 사라져버리므로 주의하자. gdrive 폴더의 존재를 확인했다면, 다음 코드 셀도 위에서부터 차례대로 실행한다. 종료된 셀은 아이콘이 초록색 체크박스로 변하므로, 이를 확인하고 나서 다음 코드 셀을 실행하자. 만약 모종의 이유로 인해 에러가 발생하면 에러 내용이 표시되므로 이를 확인하고 대응해야 한다.

COLUMN 구글 Colab의 에러에 대응하자

구글 Colab에서 코드 셀을 실행했을 때 에러가 발생했다면, '셀 실행' 버튼이 붉게 나오며, 동시에 그 셀에 표시된 코드 마지막 부분에 붉은 글씨로 에러 내용이 출력된다. 이를 잘 읽어보고 대응해야 한다.

에러 내용을 검색하거나 스스로 해결하지 못해 커뮤니티에서 질문을 할 때는 복사 및 붙여넣기만으로도 에러 내용을 공유할 수 있으므로 해결 가능성이 커진다.

또한 평소와 다른 에러가 났다거나 '잘 모르겠지만 좀 이상하다.'라는 생각이 들면, 한 번 메모장의 런타임 접속을 끊고 다시 처음부터 코드 셀을 실행하면 해결될 때도 있다. 몇 번이나 같은 에러가 반복된다면, 에러 내용이 명확한 원인이라고 단정할 수 있으므로 우선 여기에 대응하자.

이 메모장에서는 아래와 같은 순서로 코드 셀을 실행해 환경을 설정했다.

① 구글 드라이브 접속 (이미 실행 완료)

② AUTOMATIC1111/Stable Diffusion WebUI 설치

③ 필요한 개발 환경 파일 설치

④ 모델(이미지 생성 AI의 핵심인 대용량 파일)을 다운로드

▲ 사용할 모델을 변경하고 싶다면, 이 코드 셀의 3번째 줄 MODEL_LINK의 텍스트 박스에 사용하고 싶은 모델 파일의 링크를 입력한 후에 코드 셀을 실행한다. 이러면 인터넷에 공개된 모델을 이용할 수 있다.

여기까지 막힘없이 진행했다면 Start Stable-Diffusion 셀을 실행➓ 한다. 셀에 Running on public URL: https://●●●●●.gradio.live➊➊ 라는 URL이 표시되고 이를 클릭하면, 새 탭에서 열린다.

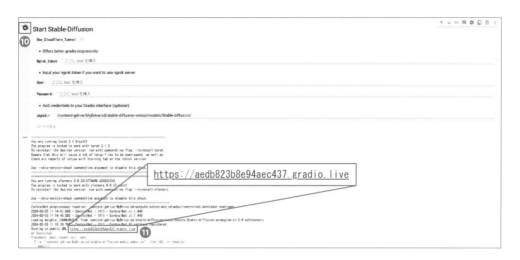

COLUMN **구글 Colab의 연산 자원을 효과적으로 관리하자**

구글 Colab을 장시간 방치하면 세션(CPU와 GPU의 이용)이 자동으로 종료되므로, 장시간 사용하지 않을 때는 코드 셀의 실행을 멈추고 '런타임' → '런타임 연결 해제 및 삭제'를 선택하자. 컴퓨터 리소스가 불필요하게 소비되는 것을 막을 수 있다. 특히 유료 요금제인 구글 Colab Pro를 이용 중이라면 매우 효과적이다.

Colab Pro 요금제는 매월 100 컴퓨팅 유닛을 정기 구매하는 형태이기 때문에 컴퓨팅 유닛(CU)에 한계가 있다. 예컨대 T4 GPU의 경우, 시간당 약 1.96CU를 소비하므로 연속으로 이용하거나 복수의 세션이 켜진 채로 두면 하루 만에 소진될 수 있다. 사용하지 않을 때는 세션을 종료하자. 셋업(setup)을 한 AUTOMATIC1111/Stable Diffusion WebUI의 데이터는 그대로 구글 드라이브에 남는다. 이 책의 내용대로 진행하면 30GB 정도의 파일을 다운로드한다. 이들 파일은 대부분 언제든 다운로드 가능하므로, 상기 셋업 데이터는 디스크 용량 절약을 위해 삭제해도 무방하다. 삭제해도 되는 파일은 /content/gdrive/MyDrive/sd, 즉 구글 드라이브의 마이 드라이브에 있는 sd라는 폴더에 들어 있다. 구글 드라이브에서 파일을 실수로 잘못 삭제하더라도, 30일간은 휴지통에 보관되므로 복원할 수 있다.

이 장의 첫 페이지에 첨부한 WebUI 화면이 표시된다면, 구글 Colab의 AUTOMATIC1111/Stable Diffusion WebUI이 정상적으로 시작됐다는 뜻이다. 프로그램이 제대로 작동하는지 확인하려면 Generate ⑫ 버튼을 선택해 이미지를 출력해 보자. '생성 미리보기' ⑬에 이미지가 표시된다면 프로그램이 정상적으로 작동하고 있는 것이므로 설치가 완료됐다고 볼 수 있다.

이미지 생성을 실행하면 Colab의 코드 셀과 '생성 미리보기' ⑬에 생성된 이미지 및 파라미터가 표시된다. 에러가 발생하면 에러 정보도 나오므로, 문제가 생긴다면 이를 참고하면 좋다.

Stability Matrix를 로컬 환경에서 구축한다

GPU가 탑재된 PC나 Apple Silicon Mac에 Stability Matrix라는 소프트웨어를 다운로드해서
이미지 생성을 할 수 있는 환경을 구축해 보자.

⟫⟫ Stability Matrix란?

Stability Matrix는 Automatic1111, Comfy UI 등 Stable Diffusion을 기반으로 한 다수의 애플리케이션을 지
원하는 플랫폼이다. 설치가 간단하며, Git과 파이썬에 대한 전문 지식 없이도 이미지 생성을 실행하는 환경을 설
정할 수 있다.

⟫⟫ Stability Matrix를 설치한다

우선 GitHub에서 Stability Matrix의 설치 파일을 다운로드한다.

개요 설명 아래에 있는 다운로드 버튼 **❶** 에서 자신이 사용 중인 OS를 선택하고 다운로드를 시작한다.

다운로드한 Zip 압축 파일을 열고, StabilityMatrix.exe라는 파일을 더블클릭한다. Windows의 경우, 설치가 시
작되면 아래와 같은 경고 화면이 표시된다. '상세 정보' **❷** 를 열고, 내용을 확인한 다음 '실행' **❸** 을 눌러 다음을 진
행하자.

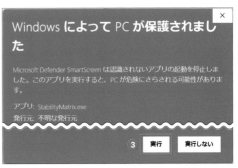

Stability Matrix가 실행되면, '이용 약관을 읽고 동의한다' ④ 에 체크하고, '계속' ⑤ 을 눌러 계속 진행한다.

▲ 이용 허가 계약서를 클릭하면 내용을 확인할 수 있다.

>>> Stability Matrix의 설정을 진행한다

이어서 Stability Matrix의 초기 설정을 진행한다. 우선 Stability Matrix를 이용해 이미지 생성을 할 때 필요한 파일을 어디에 저장할지 지정해야 한다. '데이터 폴더' ① 에서 폴더를 선택하거나 'Portable 모드' ② 에 체크를 할 수 있다. 저장할 곳을 정했다면 '계속' ③ 을 눌러 다음으로 넘어간다. 이렇게 Stability Matrix의 런처 설치가 완료된다.

▲ Portable 모드를 설정하면 파일이 자동으로 StabilityMatrix-win-x64(MacOS의 경우, Applications) 폴더 아래에 저장된다. Stability Matrix의 데이터가 저장되는 폴더는 모델의 다운로드나 생성한 이미지의 확인 등을 위해 앞으로도 자주 열어볼 것이다. 나중에 알기 쉽도록 Portable 모드로 해둘 것을 추천한다.

⋙ AUTOMATIC1111 패키지를 설치한다

이 책에서 설명하고 있는 AUTOMATIC1111 패키지를 설치한다. 표시된 목록 중에서 Stable Diffusion WebUI By AUTOMATIC1111 ❶ 을 클릭해 선택한다. 그러면 Stability Matrix가 대응하는 최신 버전이 설치된다.

이어서 추천 모델이 표시된다. 아래 사진을 보면, Civitai에서 인기 있는 모델이 표시돼 있다. 여기서 모델을 선택해 다운로드를 클릭하면 해당 데이터도 다운로드할 수 있지만, 일단 여기서는 닫음을 눌러 다음으로 진행한다. 그러면 설치가 시작되므로 끝날 때까지 기다리자.

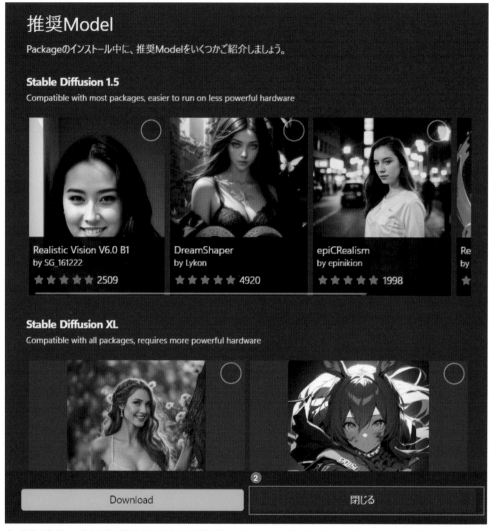

▲ 이 화면에서는 모델의 사용 제한이 걸린 라이선스를 확인할 수 없으므로, 이 시점에서 다운로드하는 것은 권장하지 않는다.

설치가 끝나고 Launch 탭 화면으로 이동하면, Stable Diffusion WebUI(버전 정보)가 표시된다. 이 화면에서는 앞으로 이용할 패키지를 선택하고 Launch 버튼을 클릭하면 된다.

▲ 일단 여기서는 패키지를 열지 말고, 우선 자신의 환경에 맞춰 설정을 진행하자.

⟫⟫⟫ 자신의 환경에 맞게 옵션을 설정한다

Stable Diffusion은 이미지를 생성할 때, 매우 큰 메모리 용량이 필요하다. 이 때문에 초기 설정 그대로 이용할 경우, 메모리 용량이 부족해 이미지를 생성하지 못할 때가 있다. 그래서 다양한 방식으로 필요 메모리 용량을 줄일 수 있는 옵션이 개발됐는데, 여기서는 사전에 두 가지 설정을 확인해 보도록 하겠다. 설정은 자동으로 검출되며 체크박스에서 선택하기만 하면, 곧바로 이용할 수 있다.

▌ lowvram

처리 속도를 낮춰 VRAM이 낮은 환경에서 작동하는 옵션이다.

🌐 **Command Line Arguments and Settings · AUTOMATIC1111/stable-diffusion-webui Wiki · GitHub**
https://github.com/AUTOMATIC1111/stable-diffusion-webui/wiki/Command-Line-Arguments-and-Settings

▌ xformars

NVIDIA GPU의 처리를 최적화해 주는 옵션이다. 초기 설정이 On 상태이므로, NVIDIA GPU를 사용하지 않는다면 Off로 바꿔야 한다.

🌐 **Xformers · AUTOMATIC1111/stable-diffusion-webui Wiki · GitHub**
https://github.com/AUTOMATIC1111/stable-diffusion-webui/wiki/Xformers

Launch 탭의 드롭다운 메뉴에 Stable Diffusion WebUI ❶ 가 선택돼 있는 것을 확인하고, ⚙Launch Options ❷ 를 클릭해 연다.

Launch Option이 열리면, VRAM에서 '--lowvram' ❸ 에 체크를 하자. NVIDIA GPU를 사용하지 않는다면 xformars에서 '--xformars' ❹ 의 체크를 해제한다. 그리고 Extra Launch Arguments ❺ 에 '--enable-insecure-extension-access'라고 입력한다. 설정을 변경한 경우, 메뉴 왼쪽 아래에 있는 저장 ❻ 을 클릭해 변경된 설정을 적용한다. 이것으로 설정이 완료됐다.

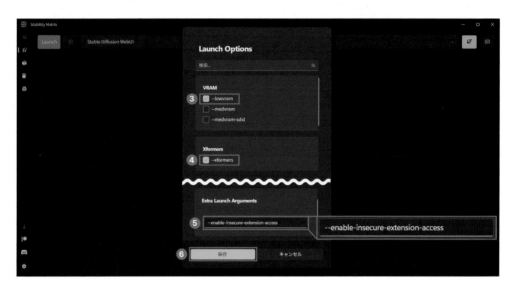

≫ AUTOMATIC1111을 실행한다

다음으로 AUTOMATIC1111을 실행해 보자. Launch 탭의 드롭다운에서 Stable Diffusion WebUI가 선택된 것을 확인하고, Launch ❶ 를 클릭한다. 프로그램이 실행되는데, 첫 실행이라면 필요한 파일을 자동으로 다운로드한다.

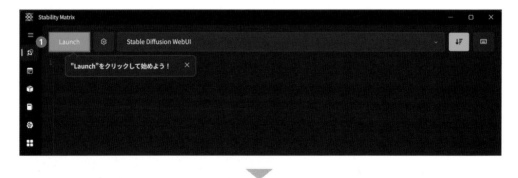

파일 다운로드가 전부 끝나면, 'WebUI를 연다' ② 라는 버튼이 표시되므로, 이를 클릭하면 자동으로 브라우저가 열리고 AUTOMATIC1111 WebUI가 시작된다. 버튼을 클릭하지 않아도, 저절로 브라우저가 열리는 때도 있다.

프로그램이 제대로 작동하는지 확인하기 위해 Generate❸버튼을 클릭해 이미지를 출력해 보자. '생성 미리보기'❹에 이미지가 표시된다면 프로그램이 정상적으로 작동하고 있다는 뜻이며, 이로써 설치가 최종 완료됐다.

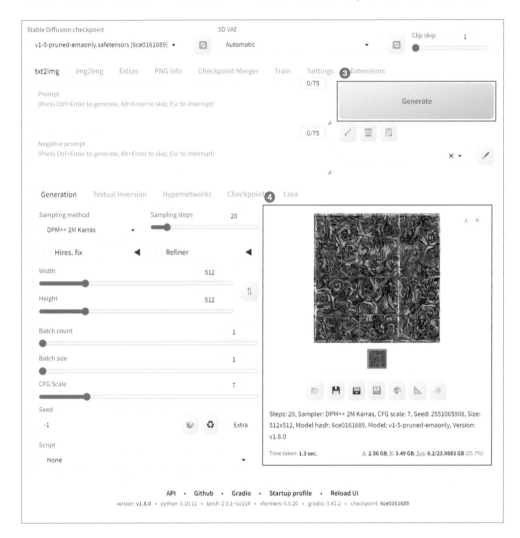

⫸ Stability Matrix의 에러를 확인해 보자

Stability Matrix에서 에러는 명령창에 영어로 표시되기 때문에 못 보고 넘어가는 경우가 많은데, 실제로는 환경 구축을 처음부터 하는 것에 비하면 이해하기 쉬운 형식으로 돼 있다. 설치할 때 보이는 에러는 대체로 다시 한번 해보면 되는 경우가 많으므로 포기하지 말고 설치를 반복한다. 에러 코드가 무슨 의미인지 이해한다면 시간 낭비를 하지 않아도 될 것이다.

WebUI를 실행하고 나서 나오는 에러 메시지 중 대부분은 Colab과 마찬가지로 Gradio Web 인터페이스의 우측 아래에 표시된다.

그리고 더 자세한 에러 설명은 Stability Matrix의 Launch 탭에도 표시된다. 에러가 나지 않았더라도, WebUI에서 표시되지 않는 이미지 생성 프로세스나 경과 시간 등을 확인할 수도 있으므로, 종종 탭을 보면서 확인하는 습관을 들이면 좋다.

```
Loading VAE weights specified in settings: D:\Data\Packages\stable-diffusion-
webui\models\VAE\diffusion_pytorch_model.fp16.safetensors
changing setting sd_vae to diffusion_pytorch_model.fp16.safetensors: RuntimeError
Traceback (most recent call last):
  File "D:\Data\Packages\stable-diffusion-webui\modules\options.py", line 165, in set
    option.onchange()
  File "D:\Data\Packages\stable-diffusion-webui\modules\call_queue.py", line 13, in f
    res = func(*args, **kwargs)
  File "D:\Data\Packages\stable-diffusion-webui\modules\initialize_util.py", line 175, in <lambda>
    shared.opts.onchange("sd_vae", wrap_queued_call(lambda: sd_vae.reload_vae_weights()), call=False)
  File "D:\Data\Packages\stable-diffusion-webui\modules\sd_vae.py", line 273, in reload_vae_weights
    load_vae(sd_model, vae_file, vae_source)
  File "D:\Data\Packages\stable-diffusion-webui\modules\sd_vae.py", line 212, in load_vae
    _load_vae_dict(model, vae_dict_1)
  File "D:\Data\Packages\stable-diffusion-webui\modules\sd_vae.py", line 239, in _load_vae_dict
    model.first_stage_model.load_state_dict(vae_dict_1)
  File "D:\Data\Packages\stable-diffusion-webui\venv\lib\site-packages\torch\nn\modules\module.py", line 2041, in
load_state_dict
    raise RuntimeError('Error(s) in loading state_dict for {}:\n\t{}'.format(
RuntimeError: Error(s) in loading state_dict for AutoencoderKLInferenceWrapper:
    Missing key(s) in state_dict: "encoder.down.0.block.0.norm1.weight", "encoder.down.0.block.0.norm1.bias",
```

COLUMN 패키지 선택 화면에서 빠져나가지 않도록 주의하자

맨 처음 패키지를 선택할 때는 신중하게 조작하자. 뭔가 잘못했더라도 반드시 에러 메시지가 나오므로, 절대 강제로 종료하지 말고 로그를 꼭 확인하는 것이 좋다. 맨 처음에 Packages에서 패키지를 선택하는데, 설치 도중에 빠져나가는 버튼을 잘못 눌러서 필요한 패키지를 누락하는 일이 생기지 않도록 주의해야 한다. 만약 누락했다면 Packages 아래 부분에 '+패키지 추가'를 이용해 추가할 수 있다. 또한 반드시 zip 파일의 압축을 푼 다음에 exe 파일을 실행하자.

간단한 단어로 이미지를 생성한다

이 섹션에서는 1girl이란 프롬프트를 입력해 이미지를 생성하고, 기본적인 UI 화면의 파라미터와 생성된 이미지의 저장 경로를 확인하자.

》》 AUTOMATIC1111의 화면을 확인한다

먼저 AUTOMATIC1111 WebUI를 실행해, AUTOMATIC1111 화면의 기본 구성과 역할을 확인하자.

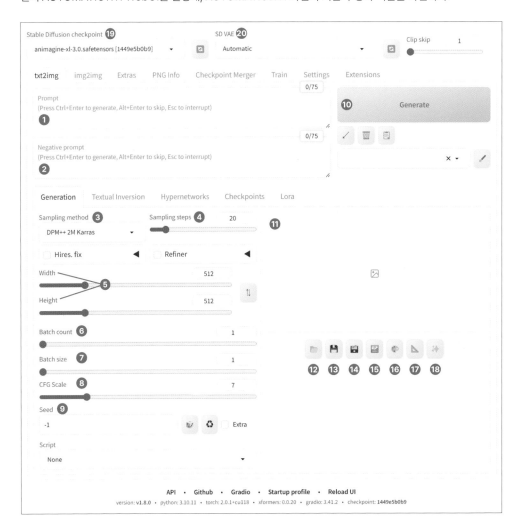

❶ Prompt(프롬프트)

생성하고자 하는 이미지를 설명하는 프롬프트를 입력한다. (예시 : 1girl이라고 입력한다.)

❷ Negative prompt(네거티브 프롬프트)

생성하고 싶지 않은 이미지를 설명하는 프롬프트를 입력한다. (예 : worst quality라고 입력한다.)

❸ Sampling method

AI가 추론하는 알고리즘을 선택한다.

❹ Sampling steps

AI가 추론하는 횟수를 설정한다.

❺ Width, Height

생성할 이미지의 가로세로 크기를 설정한다. 단위는 픽셀(pix)이다.

❻ Batch count

이미지 생성 작업을 몇 번 할지 설정한다. 최대 100까지 설정할 수 있다.

❼ Batch size

한 번에 생성할 이미지의 수를 설정한다. 클라우드 GPU를 이용하는 경우처럼 대용량 VRAM을 사용할 때 이외에는 기본적으로 1장이라고 설정한다.

❽ CFG Scale

프롬프트와 네거티브 프롬프트가 줄 영향력의 강도를 조절한다.

❾ Seed

AI가 추론하기 위한 초깃값을 설정한다. '-1'은 무작위 값을 의미한다.

❿ Generate

클릭하면 이미지 생성을 시작한다. 오른쪽 버튼을 클릭하면 옵션 메뉴를 선택할 수 있다.

⓫ 생성 뷰어

생성하는 과정에서 중간 상태를 확인할 수 있다. 이미지 생성이 완료되면 바로 직전에 생성한 이미지를 볼 수 있다. 또한 사용했던 설정, 프롬프트, 에러도 표시한다.

⓬ Open Images output directory

생성한 이미지가 저장된 폴더를 연다. colab 환경에서는 이용할 수 없다.

⓭ Save the image to a dedicated directory (log/images)

생성한 이미지를 저장한다.

⓮ Save zip archive with images to a dedicated directory (log/images)

생성한 이미지를 전부 합해서 ZIP 형태로 저장한다.

⓯ Send image and generation parameters to img2img tab

생성한 이미지를 img2img 탭으로 이동한다.

⓰ Send image and generation parameters to img2img inpaint tab

생성한 이미지를 img2img 인페인트 탭으로 이동한다.

⓱ Send image and generation parameters to extras tab

생성한 이미지를 Extra 탭으로 이동한다.

⓲ Create an upscaled version of the Current image using hires fix setting

생성한 이미지를 HiRes fix 탭으로 이동한다.

⑲ Stable Diffusion checkpoint

사용하는 모델의 리로드 및 선택을 진행한다.

⑳ SD VAE

옵션으로 UI상에 표시할 수 있다. 사용하는 VAE의 리로드와 선택을 진행한다.

기본적인 화면 구성은 이와 같다. 그럼, 다음 섹션에서 차례대로 해설하겠다. 자신이 생각한 이미지를 생성하는 데 참고하자. 추가 기능으로 더욱 상세하게 설정하며 이미지 생성을 진행할 수도 있다.

》》》 이미지를 생성해 보자

먼저, 설치한 프로그램을 이용해 실제로 이미지가 생성되는지 시험하자. 우선 ⑲에서 sd_xl_base_ 1.0. safetensors를 선택한다. ①에서 입력하는 프롬프트란 AI에 내리는 지시를 의미한다. 프롬프트는 1girl이라고 해보자. ①의 빈칸에 Prompt 1girl, ②의 빈칸에 Negative Prompt worst quality라고 입력한 다음, 다른 설정은 건드리지 말고 Generate ⑩를 클릭해 이미지를 생성한다.

우측 아래의 생성 뷰어 ⑪에 진행 상황을 나타내는 막대기가 나타나고, 생성 중간 과정을 볼 수 있다. 추론이 끝나면 생성된 이미지가 표시된다. 이것이 프롬프트를 입력해 이미지를 생성하는 text-to-image (txt2img)라는 방식이다. 몇 차례 더 테스트해 보자.

≫≫ 이미지를 저장할 장소를 확인한다

다음은 이미지를 저장하는 방법을 확인해 보자. 생성된 이미지는 이미지 우측 위에 있는 ⬇ 다운로드 버튼을 클릭해 다운로드할 수 있으며, 기본적으로는 생성 후에 자동으로 저장된다.

▌ Colab 환경인 경우

생성된 이미지는 전부 구글 드라이브의 sd > stable-diffusion-webui > outputs에 날짜별 폴더가 만들어져 저장된다.

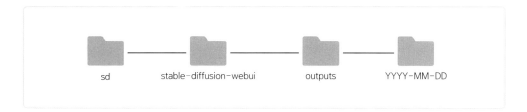

▌ 로컬 환경인 경우

로컬 환경에서 이용 중인 경우, 자신의 PC 폴더에 자동으로 저장된다. 📁을 클릭하면 StabilityMatrix-win-x64 (또는 Applications) > Data > Packages > stable-diffusion-webui > outputs 아래의 날짜별 폴더에 생성된 이미지가 저장된 것을 확인할 수 있다.

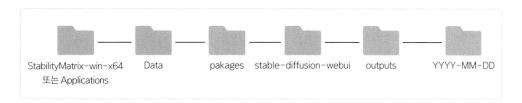

▌ 폴더의 자동 분류

이 섹션에서는 프롬프트를 입력해 이미지를 생성하는 text-to-image(txt2img)를 실행했지만, 섹션 4에서 설명할 image-to-image(img2img), 즉 이미지를 기반으로 또 다른 이미지를 생성하는 경우에는 outputs 폴더 내에 새로 img2img-images 폴더가 추가돼 그 안에 날짜별로 저장된다. 이는 모든 환경에서 공통이다.

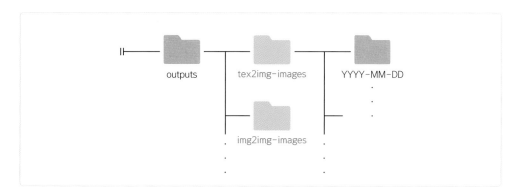

생성된 이미지의 저장 경로를 자유롭게 변경할 수 있다. WebUI 화면의 오른쪽 위에 있는 Settings ❶ 를 클릭해, Saving images → Paths for saving ❷ → Output directory for images ❸ 에 저장하고 싶은 경로를 추가한 다음, Apply settings ❹ 를 클릭해 설정을 적용한다. 특히, Colab 환경을 이용 중이라면 구글 드라이브에 폴더를 만들어 저장 경로로 지정하면 편하다.

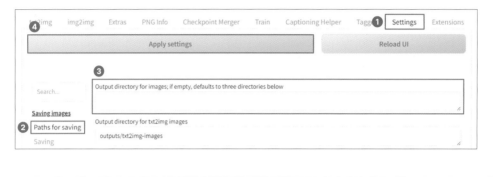

》》》 AUTOMATIC1111을 종료한다

이것으로 Stable Diffusion을 사용하기 위한 최소한의 준비를 마쳤다. 지금부터는 자신이 만들고자 하는 이미지를 생성하는 데 필요한 다양한 설정 및 프롬프트 구축을 알아보도록 하겠다. 우선 여기서는 WebUI의 종료 방법을 소개한다.

Colab 환경인 경우

Colab 메모장의 Start Stable-Diffusion의 ◉ '셀 실행' ❶ 을 한 번 더 클릭해 '실행 중단'한다. 한 번 메모장을 닫은 경우라면, 이용할 구글 드라이브를 지정하는 부분부터 다시 코드 셀을 차례대로 실행해야 한다.

로컬 환경인 경우

Stability Matrix의 Launch 탭을 열어 Stop ❷ 을 클릭한다. 그다음은 Launch 탭에서 이용할 패키지를 선택해 재시작하면 된다. 완전히 종료하고자 할 때는 Stability Matrix의 애플리케이션 자체를 종료해야 한다. 그리고 다음에 빨리 재시작할 수 있도록 애플리케이션 바로가기를 만들어두는 것도 좋은 방법이다.

다음 섹션에서도 여러 차례 WebUI를 재시작할 것이다. 여기까지 준비 및 이용 방법이 전부 이해가 되었다면, 다음 페이지로 넘어가도록 하자.

COLUMN 커뮤니티에서 질문을 해보자

여러분은 무사히 WebUI를 설치하는 데 성공했는가? 만약 에러가 발생했다면, 다른 사용자들도 같은 문제에 직면해 해결했을 가능성이 있으니 해당 에러 코드를 확인해 커뮤니티에서 살펴보도록 하자. 오픈 소스 프로그램의 장점이 바로 여기에 있다.

이 책의 내용을 지원해줄 수 있도록, 아래 정보저장소(repository, 개발자가 애플리케이션 소스 코드에 대한 변경을 실행 및 관리하는 데 사용하는 중앙화된 디지털 스토리지–역주)를 오픈했다.

또한 이 책을 구매한 분을 지원하는 Discord 채널도 있으니 참고하자.

커뮤니티를 활용할 때, 오픈 소스 개발자들은 항상 '모두'를 고려해 행동한다는 점을 명심해야 한다. 개별 환경에 대한 문제를 찾는 것 또한 중요하지만, "내 환경에서 작동하지 않는다."라는 말만 하면 지원을 받기 어렵다.

유료든 무료든, 질문할 때는 자기소개 및 자신이 사용하는 환경이 무엇인지 자세한 설명을 덧붙이자. 질문을 건성으로 조잡하게 하면 답변 또한 잡스러워져서 커뮤니티를 어지럽힐뿐더러, 초보자에게 친절하지 않은 분위기를 조성해 결과적으로 자기 자신에게도 불이익이 생긴다. 이는 다른 프로그래밍 언어 환경에서도 마찬가지다. 모쪼록 이 점을 충분히 고려해 커뮤니티를 활용하기를 바란다.

모델을 다운로드한다

이 섹션에서는 이미지 생성 AI에서 두뇌라고 할 수 있는 checkpoint(체크포인트)를 다운로드하는
방법과 사용법을 설명한다.

>>> 모델이란 무엇인가?

모델이라는 단어는 의미가 다양하나, Stable Diffusion에서 모델은 머신러닝 모델을 가리킨다. 이 모델은 전 세
계 인터넷에 올라온 온갖 이미지의 특징과 구조 등을 학습한 인공지능의 지식과 두뇌 그 자체라 할 수 있다. 모델
은 학습 과정에서 획득한 가중치와 바이어스의 수치를 저장한 '.safetensors'라는 거대한 파일 뭉치로 구성돼
있다.

소위 '베이스 모델'이라고 하는 Stable Diffusion 1.5(SD 1.5 계열)와 Stable Diffusion 2.1(SD 2.1 계열), Stable
Diffusion XL(SDXL)은 학습 범위가 매우 넓어서, 전 세계의 사진과 이미지, 옛 거장의 화풍, 레이아웃과 미학을
비롯한 이미지와 언어와의 관계를 학습했으므로 용량이 수 기가바이트에 달한다.

단순히 프롬프트를 입력하는 것만으로는 자신이 생성하고자 하는 이미지를 출력하기가 어렵다. 예컨대 '애니메이
션풍의 여자아이'라고 간단한 지시만 내릴 경우, 카툰풍의 애니메이션이나 일본의 애니메이션 등 다양한 애니메이
션 그림이 출력될 것이다. 따라서 자신이 생성하고자 하는 이미지를 출력하려면, 복잡한 프롬프트나 불확정 요소
를 제어하는 설정이 필요하다.

불확정 요소를 제어하는 설정과 방법은 여러 가지 있는데, 그중 하나가 추가 학습(Fine tuning)이다. 추가 학습을
포함한 각종 학습과 관련한 내용은 챕터 6에서 해설한다. 여기서는 자신이 생성하고자 하는 이미지에 좀 더 가까
운 형태로 학습된 모델을 찾아 활용해 보도록 한다.

해외 사이트인 Civitai나 Hugging Face에서 배포 중인 모델은 크게 나눠 SD 1.5 계열과 SDXL 계열이 있다.
SD 1.5 쪽이 메모리 소비가 적으며 개성적인 모델과 LoRA가 많다는 인상이 있지만, 각각의 모델은 호환성이 없
다. 이 책에서는 향후 더 오래 활용될 가능성이 있는 SDXL을 중심으로 해설하나, SD 1.5 계열을 이용하고 있다면
다음 단계에서도 계속 SD 1.5 계열을 이용하길 바란다.

라이선스의 경우, 모델 개발자뿐만 아니라 사용자가 책임을 져야 할 가능성도 있다. 모델 개발자도 모델 합병(모델
자체를 융합해 새로운 모델을 만드는 것)을 고려해 서로 다른 라이선스로 제공 중인 예도 있으니 이용 규칙과 윤리를
준수해 이용하자.

⟫⟫⟫ 모델을 다운로드한다

먼저 일반적인 모델의 다운로드 절차를 설명하겠다. 이번에는 Stability AI사가 개발 중인 베이스 모델인 Stable Diffusion XL, 통칭 SDXL을 다운로드하자.

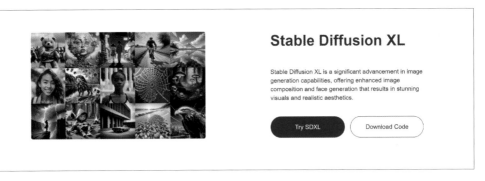

Hugging Face의 SDXL 다운로드 페이지에 접속한다. Hugging Face는 '머신러닝의 민주화'를 지향하며 플랫폼과 커뮤니티의 장을 제공하는 회사다. Stable Diffusion 모델도 무료로 다운로드할 수 있다.

 stabilityai/stable-diffusion-xl-base-1.0
https://huggingface.co/stabilityai/stable-diffusion-xl-base-1.0

⟫⟫⟫ 라이선스를 확인한다

모델을 이용하기 전에 라이선스를 확인하자. 배포 중인 모델에 따라 이용 규칙이 다르므로 다운로드할 때 반드시 확인해야 한다. 모델의 이용 규칙은 각 모델을 배포하고 있는 페이지에서 확인할 수 있다.

▌SDXL의 라이선스

 LICENSE.md · stabilityai/stable-diffusion-xl-base-1.0 at main (huggingface.co)
https://huggingface.co/stabilityai/stable-diffusion-xl-base-1.0/blob/main/LICENSE.md

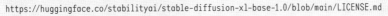

COLUMN Stable Diffusion 시리즈

SDXL은 전 세계에 폭발적인 영향을 끼친 Stability AI가 개발한 Stable Diffusion의 고품질화 모델이다. SDXL은 기존 SD보다 훨씬 입체적인 공간과 빛, 그림자를 묘사하는 데 우수한 성능을 보이지만, 더 큰 VRAM(GPU의 탑재 메모리)이 필요하다. SDXL은 데스크톱용 GPU로 12GB 이상 탑재된 프로 연산용 GPU라면 문제없이 작동하지만, 게이밍 노트북처럼 8GB 이하의 VRAM에서는 다루기 어려운 편이다. 구글 Colab에서 제공하는 GPU라면 문제없이 작동하므로 실제로 테스트하면서 비교하고 확인하자.

더 속도가 빠른 SDXL Turbo, Stable Cascade, 일본어로 이용할 수 있는 JSDXL, 문자를 그릴 수 있는 Stable Diffusion 3 등도 출시했는데, 이 책은 메이저급 모델인 SD 1.5, SD 2.1 모델에서 이용할 수 있도록 집필했다. 자신의 환경에 맞춰 모델을 선택하길 바란다.

페이지 상부의 메뉴에서 Files and versions ❶를 클릭해 이를 열고, 아래에서 세 번째에 있는 sd_xl_base_
1.0.safetensors라는 파일명의 옆에 있는 다운로드 버튼 ❷을 누르면 모델을 다운로드할 수 있다.

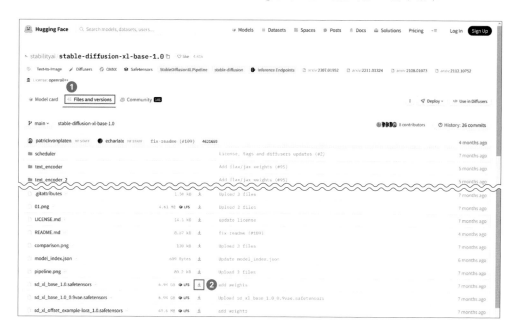

그다음은 모델을 설치하는 단계인데, Colab과 로컬 환경에 따라 방식이 다르다.

Colab 환경에서 모델 설치하는 방법

브라우저에서 구글 드라이브를 열고 sd > stable-diffusion-webui > models > Stable-diffusion 폴더에 다
운로드한 모델을 업로드한다.

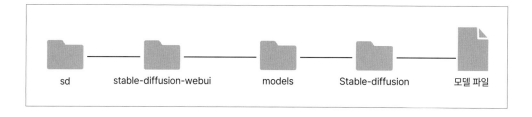

▌로컬 환경에서 모델 설치하는 방법

Stability Matrix로 설치한 로컬 환경의 경우, 다운로드가 완료되면 모델 파일을 StabilityMatrix-win-x64 (또는 Applications) > Data > Models > StableDiffusion 폴더로 이동한다.

이때 폴더 안에 Put Stable Diffusion checkpoints here.txt라는 파일이 있는지 확인하자. Put OO here라는 이름의 텍스트 파일은 추가로 다운로드한 파일을 저장할 때 표지 역할을 한다. 향후 새로운 파일을 다운로드할 일이 생길 수 있으니, 염려될 때는 이렇게 표지 역할을 하는 파일이 있는지 확인하자.

≫ Civitai에서 모델을 다운로드한다

앞서 Hugging Face에서 모델을 다운로드했는데, 또 하나 유명한 Civitai(시비타이, 시비트AI)라는 사이트에서 모델을 다운로드하는 방법을 소개하겠다. Civitai는 이용자가 직접 만든 Stable Diffusion용 모델을 공유하고 다운로드할 수 있는 웹 플랫폼이다.

브라우저에서 Civitai를 열고, 상부 메뉴 왼쪽에서 두 번째에 있는 Models ❶를 선택하면 다운로드할 수 있는 모델이 표시된다.

시험 삼아 blue_pencil-XL을 다운로드해 보자. 이 모델은 SDXL 1.0 기반으로 만들어졌으며, 고품질 애니메이션 풍 일러스트를 생성할 수 있다.

우선 Civitai의 최상단에 있는 검색창에 blue_pencil-XL ❷ 이라고 입력한다. 그러면 모델 후보가 표시되므로, 그 중에서 다운로드할 모델 ❸ 을 클릭한다.

모델별 상세 페이지가 나온다. 여기서 모델에 대한 세부 설명을 확인할 수 있다.

Civitai의 화면 표시

❶ 모델명

❷ 모델 버전

다운로드하고자 하는 버전을 선택할 수 있다.

❸ 모델 카드

이 모델로 작성한 이미지의 샘플.

❹ 다운로드 버튼

클릭하면 다운로드가 시작된다.

❺ 모델 정보

모델이 공개된 날짜와 베이스 모델, 공개자 등 세부 사항을 확인할 수 있다.

❻ 추가 정보

모델을 사용할 때의 추천 환경이나 프롬프트 구축 등 모델 공개자가 제공하는 정보를 확인할 수 있다.

❼ 라이선스 정보

이 모델을 사용할 때 지켜야 할 규칙(라이선스)을 확인할 수 있다.

Civitai의 모델 페이지를 보면, 일반적인 라이선스 외에 특별한 제한이 있는 경우에 모델 메뉴의 우측 하단에 이를 알리는 아이콘 표기 ❶ 가 있다. 이를 클릭하면 해당 모델에서 허가받은 내용을 확인할 수 있다.

예컨대 우측 사진에 있는 라이선스 표기를 보면, 상업적 이용 가능, 크레딧 기재 필요 없음, 합병 모델 판매 금지 등이 쓰여 있다. 이처럼 이용 가능한 범위를 반드시 확인하고, 해당 규칙을 지켜야 한다.

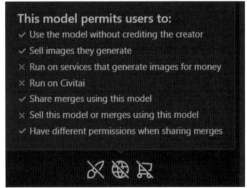

이용 가능 조건을 확인했다면, 다운로드 버튼을 눌러 다운로드를 진행하자. 그러고 나서는 Hugging Face에서 다운로드받았을 때와 마찬가지로 모델 파일을 이동한다.

모델 브라우저를 활용해 보자

Stability Matrix 2.7.6 이후 버전에서는 Model Browser 탭이 추가된 덕분에 Civitai와 Hugging Face에서 배포 중인 모델을 검색해서 다운로드할 수 있다. 여기서는 시험 삼아 이 방법을 사용해 SDXL 모델을 다운로드해 보자.

⚙Model Browser 탭❶을 클릭해 열고, 상단에서 Hugging Face❷의 탭을 골라, Base Models에서 Stable Diffusion XL (Base)과 Stable Diffusion XL (Refiner)을 선택해 Import❸를 클릭하면 다운로드가 바로 시작된다.

▲ Hugging Face 탭에서는 베이스 모델을 일괄 다운로드할 수 있다.

ControlNet❹에서는 챕터 5에서 다룰 ControlNet의 프리 프로세서(Preprocessor, 컴파일보다 먼저 실행돼 미리 처리하는 것으로 '전처리기'라고도 함–역주) 모델도 다운로드할 수 있다. 필요하다면 지금 다운로드해도 된다.

▲ 카테고리별로 한 번에 선택할 수 있어서 일괄 다운로드할 때 편리하다.

그리고 상단의 CivitAI **⑤** 탭을 클릭해 전환하면, 모델을 검색하고 다운로드할 수 있다. 상세 검색 기능 **⑥** 도 있으므로, 자신의 목적에 맞는 모델을 편리하게 검색할 수 있다. 다운로드할 때는 해당 모델을 클릭하면 된다.

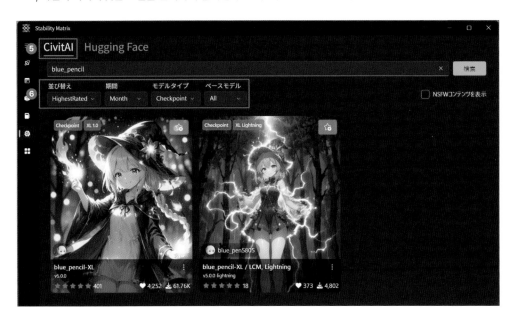

》》》 사용할 모델을 선택한다

WebUI를 재시작해 다운로드 및 설치를 완료한 모델을 이용할 수 있는지 확인하자. WebUI 왼쪽 윗부분에 있는 Stable Diffusion checkpoint **❶** 라는 드롭다운 메뉴를 이용하면 모델 전환을 할 수 있다. 드롭다운 메뉴를 열어 다운로드한 모델명 **❷** 을 클릭하면 선택한 모델이 로딩된다.

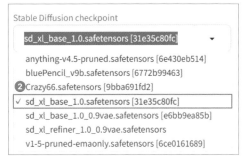

▲ 모델 용량이 크면 로딩 시간이 오래 걸릴 수 있는데, 다른 작업을 하지 말고 기다리자.

정상적으로 로딩됐는지 이미지를 만들어 확인하자. 문제없다면 이것으로 자유롭게 모델 전환이 가능해진 것이다. 여기서 소개한 모델을 사용해도 되고, 자신이 이용하고자 하는 모델을 찾고 다음을 진행해도 좋다.

VAE를 다운로드한다

환경 구축의 최종 단계에서는 VAE의 다운로드와 초기 설정을 진행한다. SDXL 모델을 이용할 때는 큰 영향이 없을지도 모르지만, VAE 또한 모델에 맞춰 교체해 사용하는 것이 좋다.

⟫⟫ VAE를 활용해 이미지의 품질을 개선한다 (SD 1.5)

지금까지 Stable Diffusion으로 이미지 생성을 할 수 있는 환경과 필요한 모델 데이터의 셋업을 설명했다. 이제 마지막으로 추론 결과를 이미지로 출력하는 역할을 하는 VAE를 준비하자.

이전 섹션에서 몇 번 이미지 생성을 테스트한 바 있는데, 실은 맨 처음에 설치할 때 이미 초기 설정으로 VAE가 적용돼 있었다. 또한 모델에 따라서는 VAE가 통합된 모델도 존재한다. 그래서 딱히 VAE를 알지 못해도 이미지 생성은 가능한 상태다.

하지만 SD 1.5 모델에서 이용을 권장하는 VAE는 모델에 따라 차이 나는 경우가 많으며, 각각의 모델에 적합한 VAE를 이해하고 활용해야 훨씬 좋은 이미지를 생성할 수 있다. 여기서는 SD 1.5 모델의 bluePencile_v10. safetensors와 VAE 중 하나인 ClearVAE를 다운로드해 이용해 본다. 우선 Civitai에서 모델과 VAE를 다운로드하자.

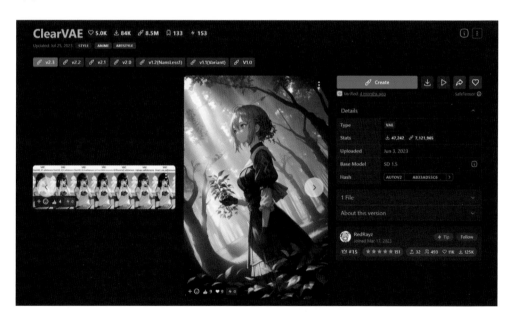

blue_pencil – v10 | Stable Diffusion checkpoint Civitai
https://civitai.com/models/79083/bluepencil

ClearVAE - v2.3 | Stable Diffusion VAE | Civitai
https://civitai.com/models/22354/clearvae

Colab 환경일 경우

구글 드라이브를 열고, sd > stable-diffusion-webui > models > VAE 폴더에 저장한다.

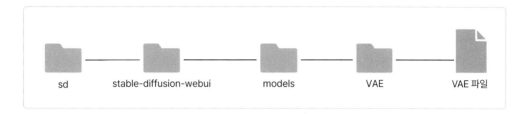

로컬 환경일 경우

StabilityMatrix-win-x64 (또는 Applications) > Data > Packages > stable-diffusion-webui > models > VAE 폴더에 저장한다.

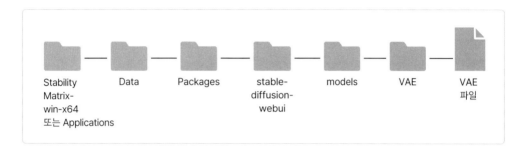

>>> 이용할 VAE를 변경한다

파일을 저장했다면, 다운로드한 VAE를 적용해야 한다. VAE는 이용 중인 모델에 맞춰 변경해야 하므로, UI 화면 상단에 드롭다운 메뉴를 표시하는 설정을 해두자.

WebUI의 Settings 탭 ❶ 을 클릭하고, 화면 왼쪽 메뉴에서 User interface → User interface ❷ 를 선택한다.

▲ AUTOMATIC1111 버전 1.8.0의 경우

위에서 두 번째에 있는 Quicksettings list ❸ 의 박
스 안을 클릭하면 커서가 표시되고 문자를 입력할
수 있다. 옵션에 관련된 단어를 입력하면 후보가 표
시되므로 sd_vae를 입력하고 드롭다운에 있는 후
보에서 sd_vae ❹ 를 클릭해 선택한다.

sd_vae를 선택하면 Apply settings ❺ 로 설정을 저장한다. 다음으로 Reload UI ❻ 를 클릭해 화면을 리로드한
다. 모델 선택 메뉴 오른쪽에 VAE를 선택하는 메뉴가 표시될 것이다.

아래 두 그림은 모델(bluePencil_v10), 시드(2025377875), 프롬프트(1girl), 네거티브 프롬프트(worst quality)를
똑같이 설정하고, VAE만 none/Automatic과 clearvae_v23으로 다르게 설정해 생성한 결과물이다. 오른쪽 그
림을 보면, VAE가 작동해 제대로 이미지가 생성된 것을 알 수 있다. VAE가 이미 적용된 모델이라도 이미지를 비
교해 보면 전체적인 채도나 대비가 완연히 다를 때가 있다. 그리고 VAE가 파손된 경우에도 출력이 제대로 나오지
않는다. 모델에 맞는 VAE를 사용해야 고품질 이미지를 생성할 수 있다는 점을 명심하자.

▲ none 또는 automatic이라고 하면 VAE가 적용되지 않으며, 이미지 생성의 최종 단계에서 색이 뭉개진다.

Chapter
3

프롬프트로 이미지를 생성해 보자

프롬프트로 이미지를 생성하는 Text to Image 방식으로 이미
지를 생성해 보자. 프롬프트를 작성할 때 알아야 할 기본 규칙을
배우고, 직접 비교할 수 있도록 도구 사용법을 설명한다.

프롬프트를 활용해 자기 생각대로 이미지를 만들어낸다

이 섹션에서는 텍스트에서 이미지를 생성하는 Text-to-Image를 할 때, 만들고자 하는 이미지에 포함되는 요소를 지정하는 프롬프트의 작성법을 설명한다.

》》 프롬프트의 역할을 이해하자

챕터 2에서 간략히 설명했지만, Stable Diffusion은 텍스트를 입력하는 것만으로도 이미지를 생성한다. 이렇게 AI에 지시를 내리는 텍스트를 프롬프트(prompt)라 한다. 자신이 의도한 대로 이미지를 만들려면 효과적인 프롬프트 작성법을 숙지해야 한다.

》》 생성하려는 이미지의 구성 요소를 고려한다

우선은 생성하고자 하는 이미지를 명확히 해야 한다. 세계관과 목적, 등장 캐릭터의 특징 등에 대해서도 정해놓으면 편리하다. 이번에는 예시로 '멀리 성이 보이는 꽃밭에 마녀가 앉아 있고, 이쪽을 향해 미소 짓고 있다.'라는 일러스트를 생성해 보도록 하겠다. 주제, 배경, 기타 항목으로 나눠 이 일러스트에 필요한 요소를 써보자.

▌주제 정보
소녀, 마녀, 검은 로브, 마녀 모자, 은색의 긴 머리, 앉아 있음, 미소 짓고 있음, 이쪽을 보고 있음, 온몸이 보임

▌배경 정보
꽃밭, 푸른 하늘, 성, 이세계

▌카메라, 조명, 화풍, 구도 등 정보
판타지, 선명한 색상, 대낮, 맑음

이런 식으로 생각나는 대로 자신이 떠올린 느낌을 단어로 표현해 보는 것이다. 단어로 나타낼 수 있다면 아무리 사소한 내용이라도 프롬프트에 넣을 수 있으므로, 가능한 한 자세히 써보자. 그다음에 이를 프롬프트로 변환한다.

>>> 프롬프트 규칙을 알아두자

SD에서 활용되는 프롬프트는 몇 가지 규칙이 정해져 있다. 그중에서 가장 먼저 알아야 할 것은 ① 영어로 쓴다. ② 단어 또는 문장을 구분할 때 쉼표(,)를 넣는다. 이렇게 두 가지다. 예컨대, 소녀 한 명이라고 하면 `Prompt` **1girl**이라고 쓰고 생성하면 되는데, 거기에 소년을 한 명 추가하고 싶다면 `Prompt` **1girl, 1boy**라고 해야 한다.

>>> 프롬프트를 작성해 보자

그럼, 상기 규칙에 따라 조금 전 단어로 표현한 이미지를 프롬프트로 만들어보자. 영어 단어가 생각나지 않으면 번역기를 이용해도 된다.

▌주제 정보

1girl, witch, black robe, hat, long silver hair, sitting, smile, looking at viewer, full body,

▌배경 정보

flower garden, blue sky, castle,

▌카메라, 조명, 화풍, 구도 등 정보

fantasy, vivid color, noon, sunny,

위 프롬프트는 어디까지나 예시로 작성한 것이므로, 익숙해졌다면 단어를 분리해서 테스트해 보자. 예를 들어 `Prompt` **long silver hair**는 `Prompt` **long hair, silver hair**라고 구분할 수도 있다. 또 위에서 작성한 `Prompt` **looking at viewer**는 시선을 이쪽으로 향하도록 하는 표현인데, 이러한 프롬프트 특유의 관습적 표현도 존재한다. 이같이 포함하고자 하는 요소를 프롬프트로 변환해 입력한다.

⋙ 퀄리티 프롬프트를 추가한다

퀄리티 프롬프트에는 걸작 `Prompt` **masterpiece**와 고품질 `Prompt` **high quality** 등이 있다. 이를 활용해 이미지 생성의 완성도를 높일 수 있다. 그러나 모델에 따라서는 퀄리티 프롬프트가 불필요하거나 오히려 역효과가 나는 경우도 있다. 모델 정보를 확인하거나 생성된 이미지를 비교해 활용 여부를 판단하자. 그럼, 지금까지 나온 프롬프트를 정리하고, 퀄리티 프롬프트를 추가해 보겠다.

`Prompt`

Masterpiece, high quality, 1girl, witch, black robe, hat, long silver hair, sitting, smile, looking at viewer, full body, flower garden, blue sky, castle, noon, sunny, fantasy, vivid color,

---

COLUMN CLIP의 제로 샷 전이성

고품질, 통칭 '퀄리티 프롬프트'는 어디서 유래했을까? 이전에 설명한 것처럼 Stable Diffusion은 CLIP을 통해 전 세계의 언어와 이미지 조합을 학습하고 있다. 더 자세히 말하자면 LAION이라는 독일의 비영리단체가 만든 데이터 세트를 가지고, LAION-5B라는 CLIP 필터링된 58.5억 개의 '텍스트-이미지 짝'을 '23.2억 개의 영어'로 학습시킨 LAION-2B 를 활용해 OpenCLIP을 훈련한 것이다.

여기서 흥미로운 것은 원래의 데이터, 예컨대 고양이 이미지는 고양이라는 태그(인간이 HTML로 이미지의 ALT 태그를 부여한 단어)만으로 학습돼 있으며 흰색, 털, 푹신푹신 등의 태그로 학습할 가능성도 있긴 하나, 이와 같은 구체적인 단어를 이용한 교사 데이터에만 의존하면 한 가지 결과밖에 학습하지 못한다.

CLIP의 혁신성은 과업에 특화된 최적화를 하지 않고 '이미지가 주어졌을 때, 가장 유사성 높은 텍스트를 선택해 분류 문제를 해결한다'는 단순하면서도 거대한 모델이라는 점에 있다. 훈련 데이터가 없어도 이미지 분류가 가능한 '제로 샷 전이성'(훈련 데이터에 없는 분포에도 대응할 수 있음)을 갖춘 것이다.

따라서 프롬프트로 '고양이'라는 지시를 하는 것만으로도, 고양이 이미지에 공통으로 나타나는 특징을 출력할 수 있다. 만약 학습할 때 '고품질'을 나타내는 태그를 붙인다면 어떻게 될까? 고품질에는 흰색, 털, 푹신푹신 등의 명확한 특징이 없다. 오히려 '고품질 사진'과 '고품질 애니메이션풍 인물 이미지의 특징'이 있을 수 있고, '고품질이면서 실사에 가까운 고양이 이미지의 특징'도 함께 학습할지 모른다. 이들에 공통으로 적용된 특징은 어쩌면 우리가 무의식적으로 느끼고 있는 '공통의 미학'일 가능성이 있다. CLIP이 레이아웃 이론에 나오는 황금비나 Masterpiece라고 프롬프트를 넣으면 늘 나오는 평균적인 여성의 얼굴(통칭 마스터피스 얼굴) 같은 미적인 요소의 개념과 관계를 획득했다고 볼 수 있다.

그러므로 '고품질'이라는 프롬프트는 '고품질'이라는 태그가 붙은 이미지에 공통으로 존재하는 어떤 특징의 평균치를 지정한 것이라고 할 수 있다. 또한 CLIP은 NSFW(not safe for work, 직장 내 열람 주의)라고 하는 유해 콘텐츠 검출용 점수도 출력할 수 있다.

⟫⟫ 프롬프트의 순서를 검증해 보자

프롬프트를 작성할 때 효과적인 순서가 있다. 일단, 최우선으로 출력하고자 하는 내용 및 중요한 사항을 되도록 앞에 놓는다. 그리고 모델에 따라 효과적으로 작용하는 카테고리 순서에 맞춰 나열하는 것도 중요하다. 사용 중인 모델에 따라 프롬프트의 영향이 달라지므로, 실제로 시험해 보면서 확인하자.

여기서는 실제로 blue-pencil-XL-v.0.0.03.safetensors를 활용해 이미지를 생성하는 테스트를 진행했다. 프롬프트 이외 모든 조건을 같게 하고, 주제 `Prompt` 1girl, 환경 `Prompt` castle, 품질 `Prompt` masterpiece, 화풍 `Prompt` anime, 이렇게 4개의 카테고리별로 프롬프트를 바꿔 넣어가면서 이미지를 생성하고, 그 결과를 비교했다. 생성할 이미지의 조건을 일부만 변경해 이미지를 여러 장 생성해 비교하고 싶을 때는 X/Y/Z plot을 활용하자.

Generation 태그의 가장 아래에 Script 메뉴 ❶ 가 있다. Script의 드롭다운 메뉴에서 X/Y/Z plot ❷ 을 클릭해 선택한다.

새 창으로 X/Y/Z plot의 파라미터를 지정하는 메뉴가 나온다. 왼쪽에 있는 type 열에서 변경할 파라미터를 선택한다. 오른쪽의 values 열에서 실제로 지정할 값 및 프롬프트를 입력한다.

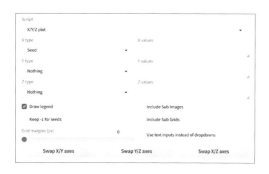

이번에는 프롬프트의 순서를 변경할 것이므로 X type : Prompt order ❸ 를 선택한다. 이것은 프롬프트의 정렬을 자동으로 변경해 비교하는 메뉴다. 이어서 X values : masterpiece, anime, 1girl, castle ❹ 로 비교하고자 하는 프롬프트를 입력한다. 일반적인 이미지 생성 때와 마찬가지로, Generate 버튼을 누르면 자동으로 프롬프트 순서가 바뀌며 패턴별로 이미지가 생성된다.

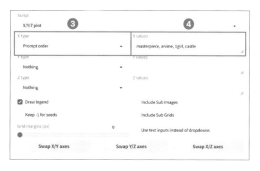

X/Y/Z plot을 활용하면 그리드 이미지에 변수로 적용된 내용이 기재되며, 생성된 이미지가 옆으로 나열돼 쉽게 비교하고 확인할 수 있다. 이 때문에 이미지 생성의 수준을 높이는 데 많은 도움이 된다. 이미지의 전체적인 무너짐 정도가 적은지, 고품질로 나왔는지, 의도한 느낌이 반영됐는지 등을 점검해 보니, 이번에 활용한 모델은 품질 > 화풍 > 주제 > 환경 순으로 효과적이라는 것을 알 수 있다.

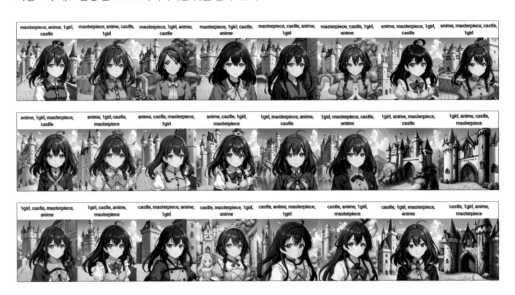

그럼, 다른 모델이라면 어떨까. 모델을 Animagine-xl-3.0.safetensors로 변경한 다음 X/Y/Z plot으로 비교해 보자. 이번에는 환경 > 화풍 > 품질 > 주제 순으로 효과적이라는 것을 알 수 있다.

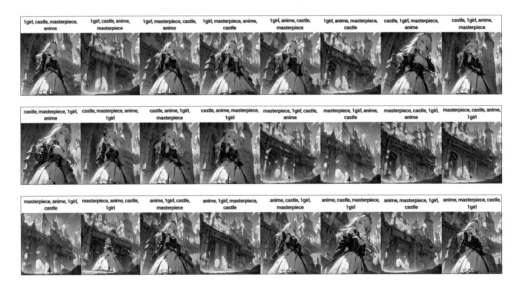

이처럼 프롬프트 순서는 이미지 생성 결과에 큰 영향을 미친다. 새로운 모델을 이용할 때는 자신의 필요에 따라 프롬프트 순서를 바꿔 테스트하자. 또한 X/Y/Z plot을 활용하면 여러 가지 조건을 쉽게 비교할 수 있으므로, 생성하고자 하는 이미지에 접근하는 데 도움이 된다. 다음 섹션에서는 네거티브 프롬프트를 설명한다.

네거티브 프롬프트를 구축한다

이 섹션에서는 이미지에서 불필요한 요소를 제거하는 네거티브 프롬프트와 고품질 이미지를 생성하는 데 효과적인 embedding을 설명한다.

〉〉〉 네거티브 프롬프트의 역할

섹션 3-1에서 프롬프트 쓰는 방법을 설명한 바 있는데, AUTOMATIC1111에는 추가로 네거티브 프롬프트라는 기능이 있다. 프롬프트가 생성하고자 하는 '필수 요소'를 기반으로 구성한 것임에 반해, 네거티브 프롬프트는 반대로 '생성하면 안 되는 요소'를 기반으로 구성한다. 예컨대 소년을 출력하고 싶은데 자꾸 소녀가 출력되는 상황이라면, 네거티브 프롬프트에 Prompt girl을 추가해 소녀라는 요소를 제거한다. 작성 방법은 프롬프트와 같다. 영어 단어 및 문장을 쉼표로 구분해 입력하면 된다.

〉〉〉 네거티브 프롬프트의 사용 방법을 알자

네거티브 프롬프트에 입력하는 단어는 대체로 생성한 이미지 결과를 참고해 정한다. 학습 과정에서 관련성 없는 특징이 프롬프트에 연결된 상태로 출력되고 있다면, 해당 특징이 나타나는 것을 효과적으로 방지할 수 있다.

또한 프롬프트 중에 퀄리티 프롬프트가 있었던 것처럼, 네거티브 프롬프트에서도 퀄리티를 표시할 프롬프트를 지정할 수 있다. 예를 들어 Prompt worst quality, low quality, normal quality, 이렇게 3구절이 자주 활용된다.

그리고 인체 비례가 무너지지 않도록 할 때도 네거티브 프롬프트를 활용할 수 있다. 예컨대 Prompt bad anatomy, ugly 등이 있는데, 직역하면 '불량 해부학'과 '추함'이다. 이미지를 생성했더니 팔이나 손가락이 해부학적으로 이상할 때가 있는데, 이런 현상을 방지하는 네거티브 프롬프트로 Prompt bad hands, missing arms, extra fingers 또는 '불량한 OO', '많은/적은 OO' 같은 표현을 쓰면 된다. 그리고 여러 가지 요소를 종합한 Prompt NSFW (Not Safe For Work = 직장 내 열람 주의) 같은 프롬프트도 있다. 그럼 섹션 3-1에서 작성한 프롬프트에 기본적인 네거티브 프롬프트를 추가해 보자.

> Prompt
>
> Masterpiece, high quality, 1girl, witch, black robe, hat, long silver hair, sitting, smile, looking at viewer, full body, flower garden, blue sky, castle, noon, sunny, fantasy, vivid color,
>
> Negative Prompt
>
> worst quality, low quality, normal quality

네거티브 프롬프트는 적은 수로 일단 시작해 보고, 생성된 이미지를 확인하면서 필요에 따라 수정하는 것이 좋다.

⟫⟫⟫ embedding을 활용한다

지금까지 설명한 네거티브 프롬프트를 포함해, 이미지 생성 과정에서 배제하고자 하는 개념을 전부 종합한 학습 완료 파일을 네거티브 프롬프트에 키워드 하나로 입력해 불러올 수 있는 기능이 WebUI에 있다. 이를 embedding (이하 임베딩)이라고 한다.

COLUMN 임베딩이란?

임베딩이란 원래 자연어 처리 과정에서 기계가 이해할 수 있도록 단어를 수치화해서 표현한 것이다. 단어나 낱말 수만큼 존재하는 벡터를 저차원 벡터에 끼워 넣어 단어나 문장의 상관관계를 분석할 수 있도록 만드는 과정을 가리킨다. Stable Diffusion을 다루는 이 책에서 임베딩은 Textual Inversion이라는 방식을 활용한 학습 모델 파일을 가리키며, 협의의 개념이라는 점을 명시해 둔다. 또한 WebUI에서 임베딩을 선택할 때의 태그명은 Textual Inversion이라고 표시했다.

임베딩 파일 또한 모델과 마찬가지로 Hugging Face 및 Civitai 등의 사이트에서 배포 중이며, 다운로드해서 이용할 수 있다. 목적에 따라 그에 적합한 임베딩 파일이 각각 존재하며, 예컨대 손가락 구조를 정확하게 생성하는 것에 특화된 파일도 있다.

여기서는 애니메이션풍 일러스트의 품질을 향상하는 데 쓰는 복수의 네거티브 프롬프트가 포함된 negativeXL_D.safetensors라는 임베딩 파일을 다운로드해 적용해 본다. Civitai 또는 Hugging Face의 negative_XL 페이지에서 negativeXL_D.safetensors ❶ 를 다운로드하자.

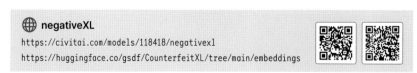

▌SD 1.5 베이스 모델을 이용 중인 경우

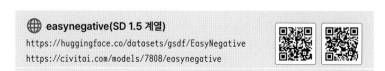

Colab을 이용 중인 경우

다운로드한 파일을 구글 드라이브의 sd > stable-diffusion-webui > embeddings에 업로드한다.

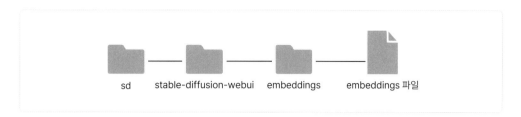

로컬 환경일 경우

다운로드한 파일을 StabilityMatrix-win-x64 (또는 Applications) > Data > Packages > stable-diffusion-webui > embeddings 폴더에 저장한다.

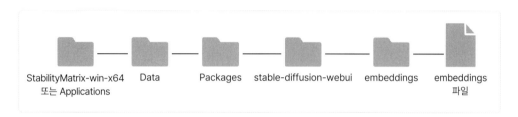

WebUI를 재시작한 다음, 네거티브 프롬프트에 작동 키워드인 negativeXL_D ❷를 입력한다. 또는 네거티브 프롬프트의 공란에 커서를 갖다 놓고, Textual Inversion 탭에서 negativeXL_D ❸를 클릭해 선택하면, 자동으로 negativeXL_D가 추가된다.

어떻게 달라졌는지 알고 싶다면, [Prompt] 1girl을 입력한 후, 한 번은 embedding negativeXL_D를 넣고 한 번은 넣지 않은 것으로 생성해, 결과물을 확인하자. 확연히 화질이 향상됐다는 것을 느낄 수 있다. 이처럼 임베딩을 활용하면 복잡하게 프롬프트를 작성하는 번거로움을 피할 수 있다. 하지만 임베딩 안에 어떤 프롬프트가 포함돼 있는지는 알 수 없다. 이용 중인 모델이나 자신이 출력하고자 하는 내용에 따라서는 상성이 안 좋을 수도 있으므로 충분히 확인해서 이용하자.

'생각대로' 이미지를 생성하자

이 섹션에서는 지금까지 설명한 내용을 바탕으로, 자신이 만들고자 하는 이미지를 생성하는 방법을 설명한다.

WebUI에 프롬프트를 입력한다

WebUI를 켜고, 일단은 지금까지 섹션에서 작성했던 프롬프트 **①** 와 네거티브 프롬프트 **②** 를 입력한다.

> **Prompt**
>
> masterpiece, best quality, ultra detailed, fantasy, vivid color, 1girl, witch, black robe, hat, long silver hair, sitting, smile, looking at viewer, full body, flower garden, blue sky, castle, noon, sunny
>
> **Negative Prompt**
>
> worst quality, low quality, normal quality, easynegative,

이어서 모델 **③** 과 VAE **④** 로 각각 SDXL 베이스 모델인 Animagine-xl-3.0.safetensors와 VAE Autmatic을 선택한다. SD 1.5 베이스를 이용하고 싶다면 모델은 blue-pencil-v10.safetensors로 VAE는 ClearVAE를 선택할 것을 권한다.

다음에는 생성할 이미지의 크기를 변경한다. 클수록 화질은 좋아지지만, 생성에 필요한 VRAM 용량이 커지며, 이미지의 레이아웃이나 사물의 형태가 뭉개질 우려가 있다. 또한 세로를 길게 하면 결과물이 인물의 전신 크기로 나올 가능성이 크며, 가로를 길게 하면 상반신 모습이 나올 가능성이 크다.

Generation 탭 → Width와 Height의 초기 상태인 512×512를 기준으로, Generation 탭 → Width와 Height ❺ 의 값을 이용 중인 모델에 맞춰 조절하자.

선택한 모델의 베이스가 SD 1.5 혹은 SD 2.1이라면, 최대 512×512픽셀, SDXL이라면 1024×1024픽셀로 시작하길 추천하지만, VRAM 용량이 작다면 SD 1.5 계열의 모델을 선택하고 256×256픽셀로 시작한다. 여기서 지정할 이미지의 크기는 2의 제곱(128, 256, 512 등)이나 그 배수로 조합하는 것이 좋다.

》》》 이미지를 생성해 확인한다

실제로 이미지를 생성해 보자. '멀리 성이 보이는 꽃밭에 마녀가 앉아 있고, 이쪽을 향해 미소 짓고 있는 그림'이 목표다. Generate ❶ 버튼을 눌러 이미지를 생성하자.

생성된 이미지를 확인해 보니, 프롬프트로 지정한 '마녀가 이쪽을 향해 미소 짓고 있음, 앉아 있음, 성이 보임, 꽃이 보임' 등은 지시대로 구현했으나, 꽃밭이 아닌 잘 정돈된 정원처럼 보인다. 이제 프롬프트를 수정해 자신이 생각하는 내용에 맞춰 다시 생성해야 한다.

⟫⟫ Batch count로 생성할 이미지의 수를 지정하자

먼저, 프롬프트에서 어떤 부분을 개선해야 할지 알아보자. 시드(Seed) ❶ 가 바뀌면 같은 프롬프트라도 결과물이 달라지므로, 일단은 조건을 바꾸지 말고 몇 번 정도 생성을 다시 진행해 보자. 2장 이상의 이미지를 같은 프롬프트로 생성하고자 할 때는 임의의 숫자만큼 생성하는 Batch count 기능을 활용한다.

Batch count ❷ 의 막대를 드래그하거나 숫자를 직접 입력하면 생성할 이미지 수를 설정할 수 있다. 최대 100장까지 선택할 수 있으며 그 숫자만큼 시간이 더 걸리므로, 10장 이하로 설정해 결과를 살펴보는 것이 좋다. 이번에는 프롬프트의 영향력을 알아보는 것이 목적이므로, 대량으로 생성하지 말고 4장 정도로 설정한다.

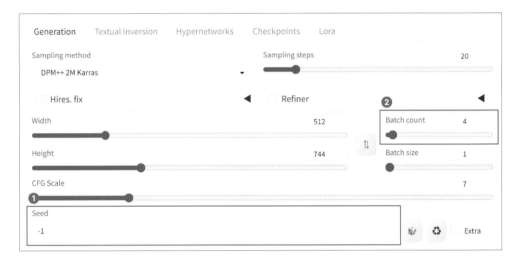

이미지를 생성해 결과를 확인해 보니, 50% 정도의 확률로 꽃밭이 화단이 됐음을 알 수 있다. 그 밖에도 '맨발인 마녀', '짧은 로브의 소매', '공중 부양하고 있는 듯한 모습' 등 수정 사항이 나타났다.

생성 이미지

≫≫ 프롬프트를 수정해 자신이 생각한 이미지에 가깝게 만들어보자

앞서 확인한 결과를 토대로 프롬프트를 개선하자. 우선 제대로 된 꽃밭을 출력하기 위해 강조 구문이라는 프롬프트를 사용한다. 강조 구문이란 말 그대로 프롬프트를 강조하는 작성 방식으로 프롬프트에 (flower garden)이라고 괄호로 묶어 표현하는 것이다. ( )로 1.1배, (( ))로 1.21배 강조되며, 괄호를 늘릴수록 강도가 커진다. 그리고 (flower garden:1.4)처럼 괄호 안에 콜론을 넣고 숫자를 지정하면 그 배율만큼 강조할 수 있다.

Prompt 강조	
(Prompt),	프롬프트를 괄호로 묶으면 1.1배 강조
((Prompt)),	괄호를 늘리면 강도를 더할 수 있음
(Prompt:1.4),	괄호로 묶고 배수를 넣으면 그 배율만큼 강조할 수 있음
(Prompt_A Prompt_B),	괄호 안에 있는 범위 전체를 강조. 단 쉼표별로 묶어야 함
(Prompt_A) Prompt_B,	일부를 괄호로 묶어 강조

이 기능을 이용해 `Prompt` flower garden을 (flower garden)으로 수정해 꽃밭을 강조해 보자. 시행착오로 생성된 다른 이미지는 일단 생략하고, `Prompt` sitting은 sitting on flower garden으로 변경해 더 구체적인 지시를 내려서 마녀가 꽃밭에 앉아 있는 구도를 지정하자. 또 부츠와 긴 로브를 몸에 두른 마녀를 생성하는 데 필요한 `Prompt` boots를 추가하고, `Prompt` black robe에 long을 추가해 long black robe라고 수정한다. 그리고 짧은 로브가 생성되는 것을 방지하려고 네거티브 프롬프트에 `Prompt` short robe를 추가한다.

`Prompt`

masterpiece, best quality, ultra detailed, fantasy, vivid color, 1girl, witch, long black robe, hat, boots, long silver hair, sitting on flower garden, smile, looking at viewer, full body, (flower garden), blue sky, castle, noon, sunny,

`Negative Prompt`

worst quality, low quality, normal quality, easynegative, short robe

생성 이미지

이전보다 훨씬 꽃밭다운 분위기가 나왔다. 긴 로브를 두르고 부츠도 신었으며, 앉아 있는 모습 또한 자연스럽다. 다만 의자나 나무 기둥에 앉아 있는 모습도 보이니, 바닥에 무릎을 모으고 앉은 자세를 표현하기 위해 `Prompt` **holding knees**를 추가한다. 그리고 긴 로브가 더 안정적으로 생성되도록 `Prompt` **long black robe**를 (long) **black robe**라고 강조한다.

`Prompt`

masterpiece, best quality, ultra detailed, fantasy, vivid color, 1girl, witch, (long) black robe, hat, long silver hair, sitting on flower garden, holding knees, smile, looking at viewer, full body, (flower garden), blue sky, castle, noon, sunny,

`Negative Prompt`

worst quality, low quality, normal quality, easynegative, short robe

프롬프트를 수정해 다시 이미지를 생성했더니, 긴 로브와 앉은 모습에 안정감이 더해졌다. 이처럼 어느 정도 프롬프트가 정해졌다 싶으면, Batch count를 늘려서 복수의 이미지를 생성해 보자. 그러다 보면 자신이 생각했던 이미지에 딱 맞는 결과물이 나올 것이다. 마음에 드는 이미지가 나왔다면 PNG 형태로 저장해 두자.

PNG Info 버튼 또는 탭을 누르면, AUTOMATIC 1111로 이미지를 생성할 때 사용한 모델명 및 파라미터 등을 열람할 수 있다. 다음 섹션에서는 그 정보를 가지고 화질을 향상하는 방법을 설명하겠다.

이미지의 해상도를 올리자

섹션 3에서 생성한 이미지는 해상도가 낮으며 깔끔한 상태라 볼 수 없다. 여기서는 기본 기능 중
하나인 Hires. Fix라는 기능을 이용해 고해상도 이미지를 생성하는 방법을 설명한다.

》》 이미지의 해상도를 올리자

이미지나 영상의 해상도를 올리고 화질을 올리는 것을 업스케일링이라 한다. Stable Diffusion에서 업스케일링
하는 방법은 여러 가지가 있으나, 여기서는 확장 기능을 설치하지 않아도 되는 Hires. Fix(Hi-resolution fix)를 활
용해 해상도를 올려보겠다. Hires. fix는 설정된 해상도로 이미지를 생성한 후에 지정한 배율로 화질을 올리는 기
능이다.

》》 PNG info로부터 이미지의 정보를 불러온 후, 해상도를 올린다

우선 해상도를 올리고자 하는 이미지와 같은 이미
지를 생성할 수 있도록 설정한다. 여태까지는
Generate 버튼을 누르면 매번 다른 이미지를 생성
했는데, 이는 Seed ① 가 무작위로 되도록 설정돼
있기 때문이다. 초기 설정이 Seed : -1인데, 이는 무
작위로 생성한다는 것을 의미한다.

같은 Seed 값을 설정하고 다른 조건도 똑같이
맞추면, 완전히 똑같은 이미지를 생성할 수 있다.
Seed 값 ② 은 이미지가 생성됐을 때 미리보기의
parameters에서 확인할 수 있다.

PNG info 탭에서도 생성된 이미지의 Seed 및 프롬프트 등을 비롯해 이미지 생성 파라미터를 쉽게 확인할 수 있다. PNG info 탭❸을 클릭해 열어보자. 아무 이미지나 상관없으니 Source❹에 드래그 앤드 드롭을 하거나 폴더에서 선택해 업로드하면, 그 이미지에 저장된 parameters❺를 볼 수 있다.

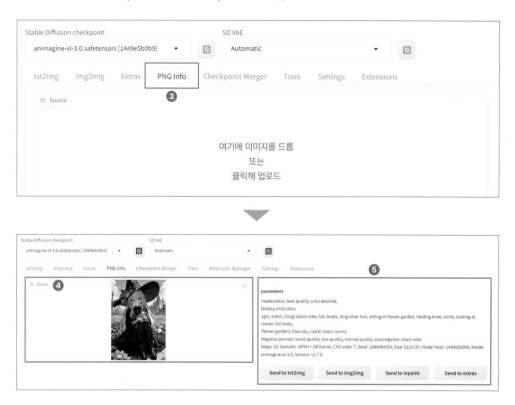

그대로 Send to txt2img❻를 클릭해 선택하면, txt2img 탭에 자동으로 프롬프트 및 Seed 값이 복사 및 붙여넣기가 된다.

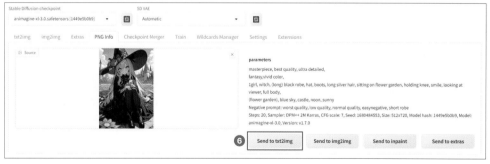

▲ 'Send to...' 버튼들을 이용해, 각 탭에 parameters를 복사해 보낼 수 있다.

준비가 끝났으니, Hires. fix를 써보자. Hires. fix ❶ 를 체크하고 기능을 켜면, 박스 메뉴가 열리면서 몇 가지 파라미터를 지정할 수 있다.

Hires. fix 메뉴

❷ Upscaler
이용할 업스케일 알고리즘 종류를 선택한다.

❸ Hires. steps
고해상도로 만드는 단계의 수를 지정한다.

❹ Denoising strength
노이즈 제거 정도를 지정한다.

❺ Upscale by
해상도를 원래 이미지에서 몇 배로 만들지 지정한다.

이번에는 각각 Upscaler : Latent, Hires. steps : 20, Denosing strength : 0.6, Upscale by : 2 ❻ 로 설정했다. Generate를 클릭하면 해상도가 향상된 이미지를 생성할 수 있다.

이것으로 기본적인 txt2img 이미지 생성 작업은 끝났다. 이제부터 파라미터의 상세 조정 및 다용도로 활약하는 편리한 프롬프트를 알아보자.

다양한 파라미터를 조정해 보자

이 섹션에서는 지금까지 설명하지 않았던 Stable Diffusion의 상세 설정 및 구성을 살펴본다. 그리고 이를 이용해 생성한 이미지에 어떤 차이가 있는지 설명한다.

》》 프롬프트를 분리 수정한다

프롬프트는 단어별로 쉼표를 넣는 식으로 구분해서 작성하지만, `Prompt` best quality, long hair처럼 두 단어 이상을 입력하고 구분하는 때도 많다. 그래서 모델이나 사용자의 취향에 따라 한 구문의 길이는 천차만별이다.

예컨대 '녹색 머리에 푸른 눈동자를 한 소녀가 분홍 셔츠와 노란 치마를 입고, 빨간 리본과 갈색 벨트를 하고, 흰색 신발을 신고 있다.'라는 이미지를 출력하고자 할 때, `Prompt` 1girl, having green hair and blue eyes wearing pink shirt and yellow skirt with red ribbon and brown belt putting white shoes처럼 긴 문장을 입력할 수 있으며, `Prompt` 1girl, green hair, blue eyes, pink shirt, yellow skirt, red ribbon, brown belt, white shoes와 같이 쉼표를 넣어 입력할 수도 있다.

두 프롬프트로 각각 이미지를 생성해 비교해 보면, 긴 문장으로 프롬프트를 작성해도 대체로 지시대로 생성됐으나, 신발이 흰색이 아니라 갈색 단화로 나왔다. 한편, 단어별로 구분해 프롬프트를 작성하고 생성해 보니, 제대로 흰색 신발이 나왔고 다른 요소들도 프롬프트대로 만들어졌다.

긴 Prompt

masterpiece, best quality, ultra detailed, 1girl, having green hair and blue eyes wearing pink shirt and yellow skirt with red ribbon and brown belt putting white shoes

짧은 Prompt

masterpiece, best quality, ultra detailed, 1girl, green hair, blue eyes, pink shirt, yellow skirt, red ribbon, brown belt, white shoes

이처럼 이미지에 잘 반영되는 프롬프트를 작성하는 법이 존재하나, 구분 방식에 공통되는 규칙은 딱히 없으며 이용 중인 모델이나 생성하고자 하는 이미지에 따라 달라진다. 자신이 사용하는 모델이나 취향에 맞게 프롬프트 작성법을 찾아보자.

》》》 토큰 수를 고려해 프롬프트를 구축한다

챕터 3-1에서 CLIP을 설명하며 언급했듯이, 프롬프트는 토큰으로 분할된다. 현재의 토큰 수는 프롬프트 및 네거 티브 프롬프트를 입력하는 창의 오른쪽 위에 표시된다. 언뜻 쉼표로 구분된 프롬프트의 수를 나타내는 것처럼 보 이지만, 쉼표와 더불어 CLIP이 토큰이라고 판단한 단어가 토큰이다.

그럼, 토큰 수를 왜 확인해야 하는지 알아보자. 여기서 중요한 것은 '0/75'라고 표시된 토큰 수의 분모 75다. 75라 는 숫자는 토큰의 최대치가 아니라, CLIP이 처리하는 프롬프트의 구분 경계를 나타낸다. 이에 대해서는 AUTOMATIC1111의 GitHub에서 자세히 해설하고 있다.

토큰 수가 75를 넘으면, [76/150]으로 바뀌며 분모가 150이 된다. 분모는 150, 225, 300 이런 식으로 75씩 증 가한다. 75번째 토큰은 CLIP에서 이전 토큰과 관련된 것으로 처리하지만, 76번째 토큰부터는 이전 토큰과 다른 것으로 취급한다. 따라서 76번째 토큰은 75번째까지의 이전 토큰과는 관련이 없으며, 이후 150번째 토큰까지와 관련된 것으로 인식한다.

또한 프롬프트는 자신 및 그 이후 토큰에 대해서도 영향을 미치기 때문에 선두에 가까운 토큰일수록 생성 결과에 미치는 영향이 강하다. 그러므로 첫 번째 토큰의 영향이 가장 강하며, 75번째 토큰은 처리 과정의 마무리 단계에까지 미치는 영향이 매우 약하다. 그리고 76번째 토큰은 두 번째 처리 과정의 선두 토큰이므로 영향력이 매우 강하다.

따라서 프롬프트가 길어지면, 중요한 토큰이 영향력이 작은 끝부분에 배치되는 경우나 의도치 않게 76번째 토큰이 되어 필요 이상으로 영향력을 발휘하는 경우가 생긴다. 이를 해결하는 수단이 `Prompt` BREAK라는 구문이다.

〉〉〉 토큰 수를 메우는 BREAK 구문을 활용해 보자

'BREAK 구문'은 강제로 토큰 처리의 구분 경계를 만들어 프롬프트의 영향을 조절하는 기능이다. 프롬프트에 `Prompt` BREAK ❶를 입력하면, 해당 토큰이 75번째 또는 150번째 등의 구분 경계가 돼, 그다음 토큰은 두 번째 처리 과정의 선두인 76번째 토큰 ❷으로 인식된다. 프롬프트가 잘 반영되지 않을 때나 처리 과정 뒷부분에 있는 프롬프트를 강조하고 싶을 때 이 방법을 활용하면, 프롬프트의 지시를 자신의 의도대로 생성 결과에 반영할 수 있다.

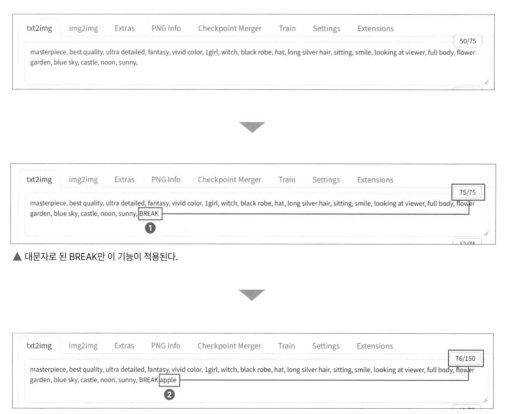

▲ 대문자로 된 BREAK만 이 기능이 적용된다.

▲ BREAK 뒤에 쉼표를 붙이면, 이 또한 1토큰으로 취급되므로 주의하자.

예를 들어 감색 치마를 출력하려고 하는데, 바로 앞에 있는 `Prompt` white long hair의 영향을 받아 흰색 치마가 출력됐다면, `Prompt` white의 영향을 방지하기 위해 `Prompt` indigo dress 앞에 `Prompt` BREAK를 넣고, 2번째 CLIP 처리로 구분하는 것이다. 이렇게 하면 치마 색을 원래 목적에 맞게 감색으로 고정할 수 있다.

`Prompt`

absurdres, masterpiece, best quality, ultra detailed, cinematic lighting, pastel color, classic, 1girl, upper body, white long hair, indigo dress, gorgeous classical long dress, castle, night, multiple candle,

`Prompt`

absurdres, masterpiece, best quality, ultra detailed, cinematic lighting, pastel color, classic, 1girl, upper body, white long hair, BREAK indigo dress, gorgeous classical long dress, castle, night, multiple candle,

>>> CFG와 샘플링에 대해 알아보자

여기서는 이미지 생성에 프롬프트가 어떤 식으로 관여하고 있는지 자세히 알아본다. 프롬프트를 더 잘 다루려면 필요한 지식이다. 프롬프트를 CLIP이 해석하면, U-Net의 AttnBlock이라는 구조에 따라 확산 공간에서 노이즈를 제거하는 과정 중에 조금씩 조건에 끼워 맞추고, 이를 토대로 정확한 노이즈 제거를 진행한다는 것을 챕터 3-1에서 설명한 바 있다.

하지만 이대로 진행하면, 처음에 주어진 무작위 노이즈의 특징만을 포착해 이미지를 생성할 수도 있다. 그렇다고 사전에 정답 키워드를 검출할 수 있는 분류기(classifier)를 준비하면 가능성이 지나치게 많아지므로 곤란하다. 거기다가 여러 문맥이 있는 대화가 아니라 '일회성' 텍스트만 가지고 이미지를 생성하는 일은 매우 어려운 문제다.

이 같은 문제를 해결하려고 Stable Diffusion은 프롬프트를 입력하지 않은 상태에서 노이즈 제거를 진행한 '아무 조건 없음'에 대한 추론 결과와 프롬프트를 입력한 상태에서 노이즈 제거를 진행한 '조건부' 추론 결과를 샘플러로 비교한 다음, 프롬프트가 영향을 준 부분을 도출한다. 이처럼 조건부 혹은 조건 없음에서 추정값을 내고 유도하는 과정은 분류기가 사전 학습할 필요가 없어서, CFG(Classifier Free Guidance : 분류기 없는 유도)라 한다.

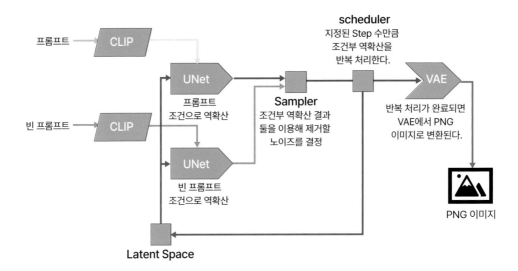

프롬프트에서 주어진 '조건부' 추론과 프롬프트를 입력하지 않은 '조건 없음' 추론을 비교하면, 조건부에 더 부합하는 이미지를 생성할 수 있다. 요컨대 CLIP에서 부여한 조건을 UNet의 각종 샘플링 알고리즘(Sampler. 후술)과 스케줄러로 지정 횟수만큼 반복해 평가하는 것이다. 이를 단순하게 표현하면, 'UNet의 영역, 어텐션, 확산의 시간 진행을 다루는 네트워크에 프롬프트 지시를 지정 횟수만큼 반복해 전달한다.'라는 의미다.

이것은 CFG scale이라는 이름의 기능으로 적용돼 있으며, 측정 단위 없이 '얼마만큼 프롬프트를 따르고 있는가'라는 지표다. '표준은 7'이지만, 6, 5, 4 이런 식으로 줄여가면 프롬프트의 영향력은 약해지며 8, 9, 10으로 늘리면 프롬프트에 의한 조건 유무의 차이가 확연히 강해진다. X/Y/Z plot을 활용해 실제 테스트를 해볼 수 있으므로 해보길 권한다. 개념적인 수식으로 표현하면 아래와 같다.

노이즈 예측 = 조건 없음 + CFG scale*(조건 있음/조건 없음)

네거티브 프롬프트 또한 CFG를 응용해 만든 것이다. '조건 없음' 대신에 비교 대상으로서 네거티브 프롬프트(원하지 않는 요소)를 가져와, CFG scale을 두 배로 해서 노이즈 제거를 진행한 결과를 이용한다. 이렇게 하면 샘플러에서 프롬프트가 지정한 조건과 더불어 네거티브 프롬프트가 지정한 조건에 따라 '거리가 먼 노이즈'의 추론 결과를 적용한다. 결과적으로 특정 요소를 이미지에서 배제할 수 있다.

이처럼 발전한 접근 방식을 활용한 Stable Diffusion은 '안정적인(Stable), 확산(Diffusion) 모델'로서 유연하고 강력한 이미지 생성 도구로 자리매김했다. 프롬프트, CFG, 네거티브 프롬프트를 결합해서 사용자는 모델에 상세하고 치밀한 지시를 내릴 수 있고, 자신이 기대한 결과를 안정적으로 얻을 수 있다. 이러한 Stable Diffusion의 모델은 교사 정보가 없더라도(제로샷), 초기 노이즈에서 의미 있고 목적에 부합하는 이미지를 생성하는 능력이 있다.

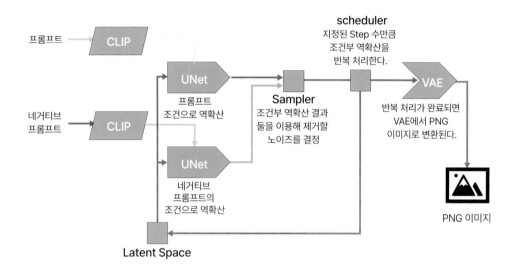

이 방식을 처음으로 활용한 이는 이 책에서 설명했던 WebUI의 개발자이기도 한 AUTOMATIC1111 씨로, GitHub에 이 아이디어 고안에 관한 내용이 있다.

🌐 Negative prompt | GitHub - AUTOMATIC1111/stable-diffusion-webui
https://github.com/AUTOMATIC1111/stable-diffusion-webui/wiki/Negative-prompt

마지막으로 노이즈 예측 작업을 진행하는 샘플러에 대해서도 알아보자. 프롬프트의 조건에 따른 추론 결과에 기반해 노이즈 제거를 진행하는 샘플링 과정도 이미 언급한 바 있다. AUTOMATIC1111은 이에 관한 파라미터로 샘플러(Sampling method)와 단계(Sampling Step)를 설정할 수 있다.

여기에 나와 있는 'DPM++2M Karras'처럼 암호 같은 샘플러 이름 및 단계 수가 실제로 어떤 뜻인지 궁금한 적은 없는가? 이는 샘플링에서 이용하는 알고리즘의 이름이며, 주로 해당 알고리즘을 제안한 수학자의 이름이 들어가 있다.

지금까지 설명했듯이, Stable Diffusion은 노이즈가 많은 이미지에서 '노이즈 성분'을 제거하는 것이 특기인 대규모 인공신경망이다. 그리고 CLIP을 활용해 프롬프트 및 네거티브 프롬프트에 가중치를 주면서 비교해 '노이즈 제거'를 실행한다.

Stable Diffusion에서 모든 샘플러의 이름은 이러한 노이즈 제거를 위한 미분방정식(differential equation : DE)의 해를 찾는 알고리즘의 종류 및 약칭에서 따온 것이다.

그럼, 여기서 머신러닝의 손실 함수(Loss function)에 대해 알아보자. 손실 함수란 정답과 모델에 의해 출력된 '예측값' 사이의 차이를 계산하는 함수다. Stable Diffusion에서는 초기 노이즈와 '완전한 상태'(이 경우, 이상적인 결과 이미지)가 일치할 때까지의 거리를 뜻하며, 프롬프트를 이용해 더욱 '압박'을 가한다. 그리고 '초기 노이즈를 어떻게 확산시킬 것인가'를 결정해서, 손실 함수를 최소화하는 결과 이미지를 생성한다.

덧붙여 말하면, 소프트웨어의 사양 문제로 인하여 이 복잡한 미분방정식은 모델 내에서 10억 이상의 부동 소수점(실수를 컴퓨터상에서 근사해 표현할 때 소수점의 위치를 고정하지 않고 그 위치를 나타내는 수를 따로 적는 것–역주)으로 인코딩돼 있다.

손실 함수와 샘플러
디노이즈(de-noise, 랜더링된 이미지에서 노이즈를 없애주는 것-역주)의
스케줄이 다르므로 샘플링 횟수에 따른 차이가 크다.

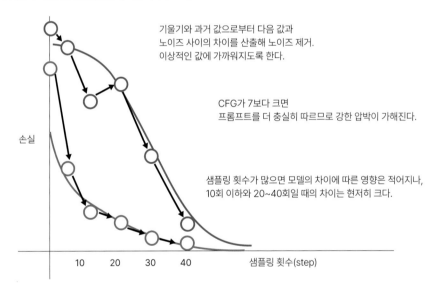

기울기와 과거 값으로부터 다음 값과
노이즈 사이의 차이를 산출해 노이즈 제거.
이상적인 값에 가까워지도록 한다.

CFG가 7보다 크면
프롬프트를 더 충실히 따르므로 강한 압박이 가해진다.

샘플링 횟수가 많으면 모델의 차이에 따른 영향은 적어지나,
10회 이하와 20~40회일 때의 차이는 현저히 크다.

손실

10　20　30　40　　샘플링 횟수(step)

여기서 샘플러는 기본적으로 지정된 단계 수를 밟으며, 각 단계에서 잠재 공간을 샘플링해 국지적인 기울기를 계산하고, 다음 단계를 어떻게 진행할지 결정한다. 지정된 횟수를 진행하고 그만큼의 샘플링을 전부 완료하면, 추론 결과가 VAE로 전송돼 이미지로 출력된다. 샘플러는 손실 함수를 '언덕을 굴러 내려가는 공처럼 가능한 한 낮게' 최소화하려 한다. 하지만 국지적으로는 가장 빠른 경로로 보여도 실제로는 최적해(제약 조건을 충족하는 해 가운데 목적 함수의 값을 최대 또는 최소로 만드는 값–역주)가 되지 않을 때도 많다.

국소 최적해(골짜기)에서 우왕좌왕하는 때도 있고, 더 좋은 경로를 찾아내려고 함수의 산을 등반해야 할 수도 있다. 조금씩 천천히 균등하게 잠재 확산 모델을 진행해 나가야 추론이 무너지지 않으며, 처음에는 크게 움직여서 국소 최적해의 골짜기를 피하고 마무리에는 최대한 신중히 수렴해 나가는 형태의 스케줄을 수립하는 방법도 있다. 샘플러 종류에 따라 노이즈 제거 알고리즘 및 스케줄이 달라지며, 생성 결과에도 차이가 발생한다.

모델이 샘플러를 지정하기도 하지만, 사용자는 기본적으로 '이미지 생성이 빠르며 품질이 좋은 샘플러를 선택'하고자 한다. 사진처럼 생성한 이미지를 만들고자 할 때와 일러스트를 생성할 때도 마찬가지로 '몇 단계 정도로 수렴할지', '완성도는 괜찮은지' 등 여러 관점에서 X/Y/Z plot을 활용해 검토하자. CFG scale을 7로 고정하고 단계를 '2, 4, 8, 10, 20, 40'으로 해서 각 샘플러를 비교한다. Eular(오일러)를 비롯한 대부분 샘플러는 20~40단계에 걸쳐 이미지가 변화하는 모습을 관찰할 수 있다.

20단계 이전에서 수렴하고, 그 이후는 변화하지 않는 속도 우선 샘플러로 Heun, DPM++2M Karras 등이 있으며, 반대로 40단계라는 긴 추론 시간을 들인 경우에도 탐색을 멈추지 않는 샘플러도 있다. DPM adaptive처럼 스스로 횟수를 정하는 샘플러도 있다. 그리고 CFG scale을 높이면 프롬프트에 복종하는 정도 및 관계성을 확인하기 쉬워진다.

예컨대 캐릭터 디자인의 초기 작업 및 포즈 잡기의 경우, 똑같은 구도를 선호하지 않으며 다양한 이미지를 생성하고자 하므로, Eular가 안정적이며 속도도 빠르다. 단계에 따라 화질이 향상하기는 하나, 횟수가 늘면 이미지가 흐릿해지는 경향 또한 나타나므로 최종 마무리에는 적합하지 않을 수도 있다. Ancestral 또는 Euler a, DPM2 a, DPM++2S a, DPM++2S a Karras 등 이름에 a 문자가 붙은 샘플러를 선택하도록 하자. 이들은 무작위성이 높고 일러스트의 재현성이 떨어진다는 단점이 있지만, 창조성을 자극할 수도 있다. 캐릭터와 복장 디자인처럼 패턴이 있는 경우나 얼굴 표정처럼 세세한 부분을 작업해야 한다면 DDIM이나 DPM++ 2M Karras가 좋을 것이다.

그리고 잘 쓰지 않는 샘플러는 선택 항목에서 보이지 않도록 하면 편리하다. 설정 방법은 Settings > Sampler parameter의 samplers in user interface에서 불필요한 샘플러를 선택하면 된다. 선택된 샘플러는 완전히 삭제되는 것이 아니므로 나중에 다시 추가할 수 있다.

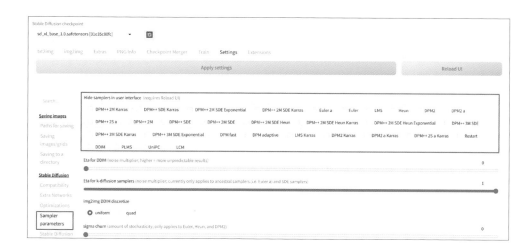

⟫⟫⟫ Sampling method를 변경해 보자

Generation 탭의 상단 왼쪽에 Sampling method
라는 파라미터가 있다. 여기서 디노이즈 처리를 실
행할 샘플러를 선택할 수 있다. 샘플러란 디노이즈
처리를 실행하는 알고리즘을 뜻한다. 이용할 샘플
러에 따라 결과물이 완전히 달라지므로, 모델이나
만들고자 하는 이미지에 맞게 선택해야 한다.

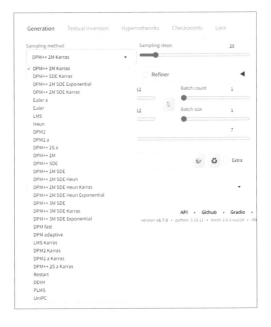

현재 일러스트풍 모델에 많이 추천하면서 높은 품질의 이미지를 생성하는 샘플러가 DPM++2M Karras다. 고민
된다면 일단 DPM++2M Karras를 선택해 이미지를 생성해 보길 권한다. 모델에 따라 다른 샘플러를 추천하므로
설명을 잘 읽고 선택하자. 그리고 x/y/z plot으로 비교해 보는 것도 좋다.

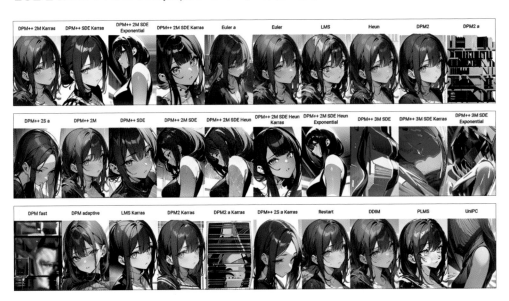

>>> Sampling Step을 조절해 보자

Sampling method와 더불어 Sampling steps ❶ 라는 파라미터가 있다. 조금 전 Sampling method에서 설명한 디노이즈 처리를 몇 번 실행할지 지시하는 파라미터다. Step 수가 많을수록 디노이즈 처리 횟수가 증가하므로 이미지에 변화가 더 생긴다.

Step 수가 극단적으로 적으면 노이즈를 제대로 제거하지 못해 뭉개진 이미지가 생성될 가능성이 크며, 모든 Sampling method는 Step 수가 일정 수준을 넘어가면 극적인 변화가 나타나지 않는다. 횟수가 많을수록 추론 시간이 길어지므로 이용할 Sampling method에 맞게 설정한다.

예컨대 Sampling method : DPM++2M Karras의 경우, Step 수가 1~5일 때 일러스트의 뭉개짐이 심하며, 10~80에서 제대로 된 이미지가 출력된다. Step 수가 20을 넘어가면서부터 큰 변화는 안 생기지만, 구도나 세밀한 부분에서 차이가 나타나는 것을 알 수 있다. 적당한 Sampling Step 횟수는 모델과의 상성에 따라 달라지므로, 모델 개요에 기재된 수치를 참고하고, 생성된 이미지를 확인하면서 자신에게 적합한 Sampling Step 수를 찾아내자.

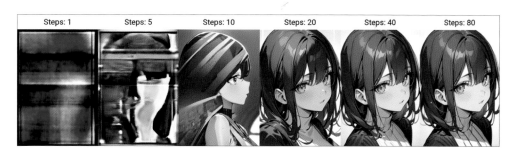

>>> CLIP SKIP을 변경해 보자 (SD 1.5)

Stable Diffusion은 CLIP을 이용해 프롬프트를 처리하고, 이미지를 생성한다. SD 1.5에서 이용하는 CLIP은 12층 구조이며, 층이 올라갈수록 복잡한 특징을 지닌 프롬프트를 처리한다.

이 특징을 활용해 높은 층 CLIP의 출력을 무시하고 중간층의 출력을 이용하는 기능이 CLIP SKIP이다. CLIP SKIP을 활용하면 원래 그 층에서 처리하는 특징을 무시하기 때문에 이미지를 생성할 때 그 특징이 나타나지 않는다. 이용 중인 모델에 따라 권장하는 CLIP SKIP의 값이 정해지기도 한다.

CLIP SKIP을 이용하려면, Settings ❶ 탭을 열고 User interface → Quicksettings List에서 CLIP_stop_at_last_layers ❷ 를 선택한다. Apply settings를 클릭해 WebUI를 다시 열면, WebUI의 상단 오른편에 Clip skip ❸ 의 파라미터가 표시될 것이다.

Clip skip : 1이라고 하면, 끝에서 첫 번째 층의 출력을 이용한다는 설정이다. x/y/z plot을 이용해 출력 이미지의 변화를 비교해 보면, 특정 프롬프트가 CLIP의 몇 층에서 처리되는지 확인할 수 있다.

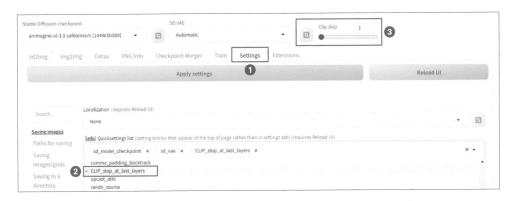

다양한 프롬프트를 테스트해 보자

이 섹션에서는 인물의 자세, 머리 모양, 표정 등의 특징을 지정해 이미지를 생성할 때 도움이 될 만한 기본적인 프롬프트를 소개한다. 실제로 이미지를 생성해 가면서 테스트해 보자.

⟫⟫ 포즈를 지정하는 프롬프트

> **Prompt**
>
> masterpiece, best quality, ultra detailed, 1girl, (각 포즈를 지정하는 단어), school uniform, serafuku, short brown hair,

standing

contrapposto

sitting

crossed arms

jumping

seiza

running

selfie

lying

learing forword

standing on one leg

hands in pocket

〉〉〉 머리 모양을 지정하는 프롬프트

short hair

crew cut

curly hair

slicked back hair

buzz cut

ponytail

middle parted hair

(색 이름) inner colored hair

long hair

short hair

braid

twin braids

twintails

hair bun

twin bun

ponytail

》》》 표정을 지정하는 프롬프트

> **Prompt**
>
> masterpiece, best quality, ultra detailed, 1girl, upper body, school uniform, blond, (표정 이름)

smile	laughing out loud	smile with eye closed	blush
nose blush	angry	scared	surprised
crying	one eye closed	smirk	bitter smile
pout	heart-shaped pupiles	stick out tongue	looking down

》》》 구도를 지정하는 프롬프트

masterpiece, best quality, ultra detailed, 1girl, upper body, school uniform, blond, (구도 이름)

from above   from below   from side   from behind

dutch angle   looking at viewer   full body   cowboy shot

looking back   looking up   face close-up   shoot from front

COLUMN 데포르메 캐릭터풍 이미지를 생성해 보자

Prompt chibi를 활용하면 머리가 크고 몸이 작은 데포르메 캐릭터풍 일러스트를 생성할 수 있다.

106

Chapter 4

이미지를 써서 이미지를 생성해 보자

프롬프트뿐만 아니라, 이미지를 이용하는 Image to Image라는 좀 더 복잡한 방식으로 이미지를 생성해 보자. 이 방법으로 어려운 표현에 도전해 본다거나, 업스케일링을 해서 자신이 이상적으로 생각하는 이미지로 완성해 가자.

img2img로 할 수 있는 것을 파악하자

이 섹션에서는 이미지와 프롬프트를 기반으로 새로운 이미지를 생성하는 image-to-image를
설명한다.

⟫⟫ image-to-image란?

지금까지는 '텍스트로 이미지 생성하기', 통칭 txt2img를 체험해 봤다. 이제부터는 이미지를 토대로 새로운 이미지를 생성하는 방법인 image-to-image(이하 img2img)를 배워보도록 하겠다. 언어만으로는 전달하기 어려운 세세한 분위기나 표정, 자세, 복잡한 표현, 색감 등도 출력할 수 있다. 또한 지금까지 txt2img로 생성한 이미지를 수정하거나 마감 작업할 때도 도움이 된다.

img2img는 언어로 작성한 프롬프트를 활용해 UNet 조건을 부여하는 것이 아니라, 이미지를 부여해 처리하는 것으로, '이미지 프롬프트'라고도 한다. CLIP에서 변환된 언어로 잠재 공간에 조건을 부여하는 것이 아니라, 자신이 생각하는 이미지의 크기, 레이아웃, 색 등이 유사한 다른 이미지를 입력해 '다시 그리기'를 지시하는 것이다.

이것은 다음 장에서 소개할 ControlNet과도 비슷하다. 하지만 ControlNet이 컴퓨터 관점에서의 '이미지 이해'를 이용해 생성 이미지의 조건을 설정해 나가는 것에 비해, img2img는 목표 이미지 및 마스크(mask. 처리하지 않는 범위)를 이미지로 지정한다. 따라서 내부 처리를 잠재 확산을 이용한 노이즈 제거 방식으로 처리하며, 최종 이미지의 처리 대상을 픽셀 단위로 제어하는 강력한 이미지 제어 방식이다. 또한 Denoising strength를 0.5 이하로 설정하면 원래 이미지에서 크게 벗어나지 않는 선에서 이미지를 생성할 수 있다.

이 책은 SDXL에서 쓰는 img2img를 해설한다. SDXL은 3배 정도 큰 UNet으로, 시각적인 충실도가 개선됐으며 512×512나 1024×1024 같은 정사각형 이미지 이외의 크기와 관련해서도 학습돼 있다.

≫ img2img의 기능을 이용해 보자

img2img를 이용하려면 WebUI의 img2img 탭❶ 을 클릭하면 된다. img2img에는 img2img, Sketch, Inpaint, Inpaint sketch, Inpaint upload, Batch 등 6종류의 기능❷ 이 있으며, 각각의 탭을 선택하면 이를 이용할 수 있다. 챕터 4에서는 대표적인 img2img, Sketch, Inpaint의 사용법을 순서대로 설명한다.

≫ img2img를 활용해 이미지를 생성해 보자

img2img는 입력 이미지와 프롬프트를 바탕으로 새로운 이미지를 생성하는 기능이다. WebUI상의 표시 영역 부분❶ 에 이미지를 드래그 앤드 드롭하거나, 영역 안을 클릭해 창을 열고 폴더에서 직접 선택해서 업로드할 수 있다.

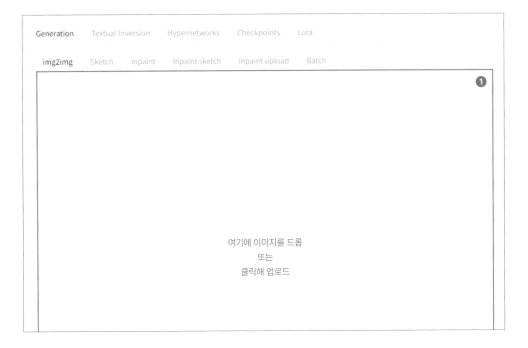

WebUI에서 설정하는 txt2img 파라미터에 Resize mode ❷, Resize to/Resize by ❸, Denoising strength ❹ 가 추가된다. 또한 이들은 img2img 기능과도 같다.

❶ Resize mode

입력 이미지와 생성할 이미지의 크기가 다를 때, 그 차이를 보완하는 방법을 선택한다. 목적에 맞게 적절한 방식을 선택하자. 아래 표는 생성할 이미지의 가로폭을 512픽셀에서 세로폭과 같게 720픽셀로 변경할 때, 각 방식에 따라 어떻게 하는지를 보여준다.

명칭	Just resize	Crop and resize	Resize and fill	Just resize (latent upscaler)
보완 방법	입력 이미지의 가로세로 비율을 무시하고, 생성할 이미지의 크기에 맞춘다.	입력 이미지의 가로세로 비율을 유지하고, 생성할 이미지의 크기에 맞춰 일부를 잘라내 확대한다.	입력 이미지의 가로세로 비율을 유지하고, 부족한 부분은 모서리 픽셀을 복사해 보완한다.	Just resize와 마찬가지로 입력 이미지의 가로세로 비율은 무시하고, 생성할 이미지의 크기에 맞춰 늘리며, latent upscaler를 이용한다.
보완 결과 예시				

❷ Resize to/Resize by

img2img로 생성할 이미지의 크기를 지정한다. Resize to 탭에서 가로세로의 크기를 지정할 수 있으며, Resize by를 선택하면 입력 이미지의 가로세로 비율을 유지하면서 확대 혹은 축소할 배율을 지정할 수 있다.

❸ Denoising strength

생성 이미지를 어느 정도 원래 이미지에 가깝게 할지 설정한다.

⋙ Denoising strength를 알아보자

Denoising strength는 입력 이미지에 부가할 무작위 노이즈의 강도를 지정하는 것을 의미한다. 초깃값은 0.75 이며, 0에 가까울수록 부가할 노이즈가 적기 때문에 입력 이미지의 특징을 충실하게 따른다. 1에 가까울수록 노이즈가 더해져서 특징을 상실하므로 입력 이미지와 전혀 다른 이미지를 생성한다.

X/Y/Z plot으로 Denoising의 값을 바꿔가며 생성한 이미지를 비교하면, Denoising : 0.3일 때의 생성 이미지는 입력 이미지와 거의 같지만, Denoising : 0.8일 때의 생성 이미지는 복장, 머리카락 색, 배경 상태가 전혀 다르다는 점을 알 수 있다. 이처럼 Denoising 값을 이용해 입력 이미지 대비 변화의 크기를 조절할 수 있다.

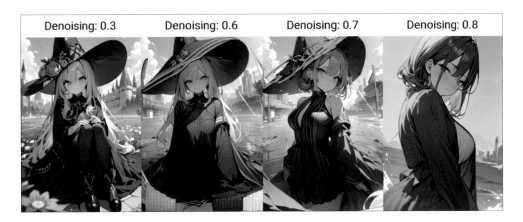

COLUMN 색의 변화를 억제하는 설정을 해보자

img2img는 입력 이미지에 노이즈를 가해 새 이미지를 생성하는 것이므로, img2img를 실행하면 생성 이미지의 색이 조금 변할 때가 있다. 옵션으로 보정을 선택하면 이러한 색 변화를 방지할 수 있다. Settings 탭의 img2img를 클릭해 선택한다. Apply color correction to img2img results to match original colors ❶ 를 선택해서 보정 기능을 켤 수 있다. 이러면 입력 이미지를 토대로 색 보정을 진행한다.

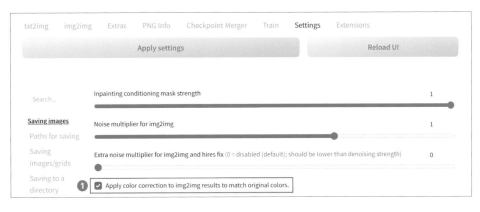

Sketch를 이용해 이미지를 생성해 보자

이 섹션에서는 img2img의 기능 중 하나인 Sketch를 설명한다. 그림 그리기 소프트웨어를
이용하듯 간단한 밑그림을 그리고 이미지를 생성해 보자.

⟫⟫ Sketch란?

Sketch란 섹션 1에서 해설한 img2img처럼 이미지를 업로드하고 WebUI상에서 그리기 기능을 이용해 지시를
내려서 이미지를 생성하는 기능이다. WebUI에는 그림 그리기 소프트웨어처럼 팔레트 및 몇 가지 도구가 들어 있
어서, 포토샵 같은 이미지 편집 소프트웨어를 설치하지 않아도 입력 이미지를 간단히 수정하고 보완할 수 있다. 또
한 흰색 바탕의 이미지를 업로드하고 간단한 밑그림을 그린 다음에 이미지를 생성할 수도 있다.

⟫⟫ Sketch를 써보자

img2img 탭 ❶을 열고, Generation → Sketch 탭 ❷을 클릭해 선택한다.

우선 입력할 이미지를 준비하고, 빈칸에 드래그 앤드 드롭하거나 영역 안을 클릭해 폴더에서 파일을 직접 선택해 업로드한다. PNG info에 이미지를 업로드하고 Send to inpaint를 클릭해 전송할 수도 있다. 캔버스가 나타나면 오른쪽 위에 도구 아이콘이 표시되므로, 이를 이용해 입력한 이미지를 편집하자.

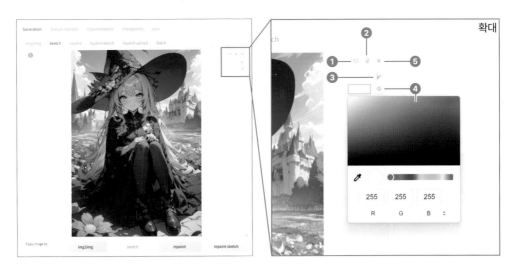

캔버스 도구

① Undo
바로 직전에 한 행동을 취소하고, 이전 상태로 돌아간다.

② Clear
지금까지의 내용을 전부 삭제한다.

③ Use brush
WebUI상에서 사용하는 붓으로 전환한다. 다시 한번 클릭하면 붓의 두께를 조절하는 막대가 나타난다.

④ Select brush color
붓 색깔을 변경한다. 클릭하면 현재 사용 중인 색이 표시되며, 그 색을 클릭하면 팔레트가 나타나 다른 색으로 변경할 수 있다.

⑤ Remove image
현재 캔버스에 있는 입력 이미지를 폐기한다.

이번에는 붓을 이용해 홍채를 빨간색으로 바꾸고, 붓 크기와 색을 변경해 손쉽게 눈동자와 하이라이트를 추가했다.

프롬프트에도 Prompt red eyes를 추가하고, 기타 파라미터도 설정한 후에 Generate를 클릭해 생성했다. 이번에는 Denoising strength : 0.4로 했다. 이처럼 Inpaint를 쓰면 이미지 일부를 수정 보완해서 생성할 수 있으므로, 훨씬 구체적으로 자신의 지시 사항을 반영할 수 있다.

변경 후 Prompt

masterpiece, best quality, ultra detailed, fantasy, vivid color, 1girl, witch, (long) black robe, hat, red eyes, long silver hair, sitting on flower garden, holding knees, smile, looking at viewer, full body, (flower garden), blue sky, castle, noon, sunny

---

COLUMN 밑그림으로 이미지를 생성해 보자

Sketch 기능만을 이용해 밑그림으로 이미지를 생성할 수도 있다. 이번에는 밀짚모자를 쓴 소녀를 그려보겠다. 펜 태블릿이 있으면 그리기 편하지만, 마우스로도 충분히 할 수 있다. 밑그림을 다 그렸다면, Generate 버튼을 클릭해 생성한다. 구도와 색 같은 밑그림의 특징이 많이 반영된 일러스트가 생성된 것을 확인할 수 있다.

Prompt

masterpiece, best quality, ultra detailed, colorful, portrait, 1girl, straw hat, white shirt, blue sky,

Negative Prompt

worst quality, low quality, normal quality, easynegative, multiple girls,

Section 4-3

Inpaint로 이미지를 편집해 보자

이 섹션에서는 이미지 일부분을 선택해서 그 부분만 생성하고 변화를 줄 수 있는 img2img의
Inpaint 기능을 해설한다.

⟫⟫ Inpaint란?

Inpaint는 입력 이미지의 일부 범위(마스킹)를 지정해, 그 부분만 생성한 후 변화를 주는 기능이다. 입력 이미지의
배경 및 세부 요소 등을 나중에 추가하거나 반대로 삭제할 수 있다.

⟫⟫ Inpaint를 써보자

그러면 실제로 Inpaint를 활용해 보자. img2img 탭 ❶을 열고, Generation → Inpaint 탭 ❷을 선택한다. 입력
이미지를 영역 안으로 드래그 앤드 드롭하거나 영역 안을 클릭해서 파일을 직접 업로드한다.

Prompt

masterpiece, best quality, ultra detailed, 1girl,

Negative Prompt

worst quality, low quality, normal quality, easynegative,

입력 이미지를 업로드하면 캔버스 오른쪽 상단에 Sketch와 마찬가지로 도구 모음 ❸ 이 나타난다. 조작 방식은 Sketch와 같다. 일러스트에서 수정하고 싶은 부분을 모두 색칠해 마스킹한다. 이번에는 배경 부분을 둘러싸는 형태로 마스킹하자.

Inpaint에서 다섯 가지 파라미터를 추가로 설정한다. 생성 결과에 큰 영향을 끼치므로, 목적에 맞게 각각의 설정을 진행하자.

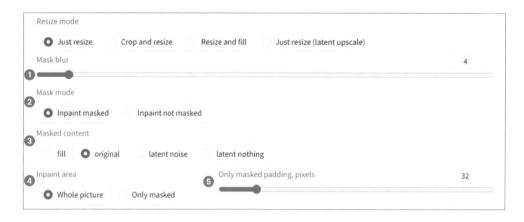

❶ Mask blur
마스킹한 부분과의 경계를 흐릿하게 만들 범위를 픽셀 단위로 지정한다.

❷ Mask mode
마스킹한 부분을 어떻게 취급할지 설정한다.

Inpaint masked : 마스킹한 범위를 생성한다.

Inpaint not masked : 마스킹한 범위 이외의 부분을 생성한다.

❸ Masked content
마스킹한 범위를 사전에 어떻게 처리할지 선택한다.

fill : 마스킹한 범위를 주위 픽셀과 같은 색으로 칠한 다음에 이미지를 생성한다.

original : 마스킹한 범위는 입력 이미지 그대로 유지해 이미지를 생성한다.

latent noise : 마스킹한 범위를 무작위 노이즈로 칠한 다음에 이미지를 생성한다.

latent nothing : 마스킹한 범위에 아무 특징을 부여하지 않은 상태로 이미지를 생성한다.

❹ Inpaint area

입력 대상으로 할 범위를 설정한다.

Whole picture : 입력 이미지 전체로부터 특징을 추출하고 이미지를 생성한다.

Only masked : 마스킹한 범위에서만 특징을 추출해 이미지를 생성한다.

❺ Only masked padding, pixels

위에서 Inpaint area : Only masked를 선택했을 때, 마스킹한 범위를 얼마나 확대할지 픽셀 단위로 지정한다.

이번에는 Mask blur : 4, Mask mode : Inpaint masked, Masked content : original, Inpaint area : Whole picture로 설정했다.

일단은 프롬프트를 입력하지 말고 그대로 Generate 버튼을 눌러 생성해 보자. 그러면 프롬프트로 지시하지 않고 입력 이미지의 특징만을 살려 이미지가 생성되므로, 마스킹한 범위에 별다른 변화가 나타나지 않는다.

이어서 이번에는 프롬프트를 작성해 배경을 바꿔보자. 입력 이미지의 배경은 실내였으나, `Prompt` blue sky를 추가해 야외로 바꿔보는 것이다. 마스킹했던 부분에 프롬프트 지시가 반영돼 푸른 하늘이 나타났다.

`Prompt`

masterpiece, best quality, ultra detailed, blue sky,

`Negative Prompt`

worst quality, low quality, normal quality, easynegative,

Section 4-4

Inpaint를 응용해 이미지를 수정한다

이 섹션에서는 Inpaint를 응용하는 방법을 설명한다.

〉〉〉 표정을 변경한다

이전 섹션에서 Inpaint로 마스킹하고 새로운 프롬프트를 추가해 그
내용을 생성 이미지에 반영하는 방법을 설명했다. 이 기능을 이용해
표정만 수정할 수도 있다. 예시로 입력 이미지의 입 모양을 바꿔 웃는
얼굴로 만들어보자. Inpaint에 이미지를 업로드하고 입 주위를 마스
킹해 프롬프트를 수정하고, 이미지 생성을 진행한다.

입력 이미지

Prompt

masterpiece, best quality, ultra detailed,
1girl, v, upper body,

Inpaint 후

Prompt

masterpiece, best quality, ultra detailed,
smile,

COLUMN Mask blur를 조절해 더욱 자연스럽게 보이도록 한다

Inpaint로 생성한 부분의 경계가 눈에 띈다면, Mask blur를 조절해 경계면의 거슬리는 정도를 완화할 수 있다. 초기 설
정은 4이며, 이보다 크게 설정하면 경계가 흐릿해지고 색 차이가 눈에 띄지 않는다. 필요에 따라 조절해 사용하자.

⋙ 손가락을 수정한다

생성된 이미지의 손가락이 많거나 해부학적으로 이상한 방향으로 휘어져 있을 때가 있다. 오른쪽 그림을 보면, 손가락이 뒤틀린 상태로 V 표시를 하고 있으니 수정해 보자.

Inpaint 후

Prompt

masterpiece, best quality, ultra detailed,
V,

Inpaint sketch 탭에서 Inpaint의 마스킹 기능을 쓸 수 있을 뿐만 아니라, Sketch처럼 WebUI상에서 편집할 수 있으므로 손가락 같은 세부적인 부분을 수정할 때는 이를 활용하면 편하다.

⋙ 액세서리를 추가한다

머리 장식이나 액세서리, 리본 등을 추가하고 싶다면, 생성하고자 하는 부분에 마스킹하고 프롬프트로 지시하면 된다. 이번에는 오른쪽 귀에 귀걸이를 추가해 보자. 귓불에서 아래쪽으로 귀걸이를 추가하고 싶은 부분에 마스킹하고, '별 모양 귀걸이'라고 프롬프트를 입력해 이미지를 생성한다.

Inpaint 후

Prompt

masterpiece, best quality, ultra detailed,
star earring,

Outpainting으로 이미지를 확장한다

이 섹션에서는 이미지 주위에 새로운 이미지를 생성해 크기를 확대할 수 있는 Outpainting 기능을 설명한다.

≫ Outpainting이란?

Inpaint를 이용하면 입력 이미지의 일부분을 선택해 생성할 수 있다는 것을 배운 바 있다. Outpainting을 활용하면 입력 이미지의 주위에 이어지는 형태로 새로운 이미지를 생성할 수 있다. 이미지의 피사체에 끊어진 부분이 있다거나 이미지 크기가 작다는 것을 뒤늦게 알았을 때 이용하면 편하다.

≫ Outpainting을 써보자

여기서는 가장 실용적인 아웃페인팅 도구인 Poor man's outpainting을 활용해서 Outpainting을 진행한다. 우선 img2img → img2img 탭 ❶ 을 열고 입력 이미지를 업로드한다.

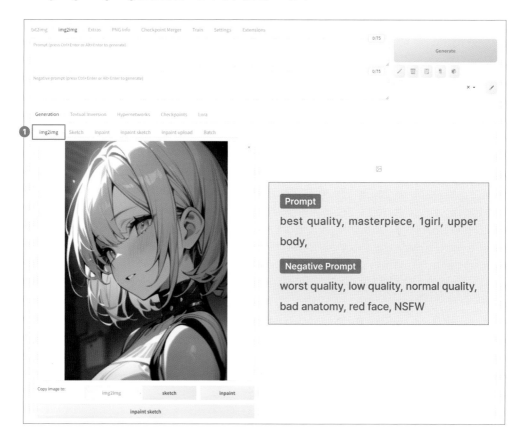

Script 메뉴에서 Poor man's outpainting ❷을
선택한다. Poor man's outpainting 메뉴가 표시
되고, 추가로 파라미터 네 가지를 설정한다.

❶ Pixels to expand : 확장할 범위를 픽셀 단위로 지정한다.

❷ Mask blur : 입력 이미지와 새로 생성할 부분의 경계를 어느 정도 희미하게 할지 지정한다.

❸ Masked content : 확장할 범위를 보완할 방법을 지정한다. 보완 방법은 Inpaint와 마찬가지로 네 종류를 선
택할 수 있다.

❹ Outpainting direction : 상하좌우 어느 방향으로 확장할지 지정한다. 복수 방향을 동시에 선택할 수도
있다.

이번에는 프롬프트를 변경하지 않고 Pixels to
expand : 128, Mask blur : 4, Masked content :
fill, Outpainting direction : down으로 설정해 아
래쪽에 이미지를 확장했다.

Outpainting 처리한 이미지에 Outpainting을 반복해 실행하면 이미지를 더 확장할 수 있다. 그리고 확장 부분
과의 경계가 눈에 띄면 Mask blur나 Pixels to expand 값을 조절해 보자.

img2img로 이미지의 해상도를 올린다

이 섹션에서는 생성한 이미지의 해상도를 올리는 '업스케일링' 방법을 설명한다.

>>> 업스케일링이 필요한 이유는 무엇인가

업스케일링이란 이미지를 확장해 해상도를 올리는 것을 말한다. Stable Diffusion를 이용해 생성한 이미지는 초기 크기가 512×512(SDXL에서는 1024×1024)로, 해상도가 상당히 낮은 편이다. 이처럼 저해상도로 생성된 이미지에서 노이즈를 제거하고 고해상도 이미지를 생성하는 것이 업스케일링이다.

그렇다면 왜 처음부터 고해상도의 이미지로 생성하지 않는 것일까. 처음부터 고해상도 이미지를 추론해 생성하려면 매우 큰 연산 공간이 필요하기 때문이다. 해상도가 높은 이미지를 생성하려면 거대한 VRAM, 즉 높은 연산 능력을 보유한 고가의 GPU가 필요하며 비용이 훨씬 많이 든다. 또한 학습한 이미지의 크기에도 한계가 있으므로, 고해상도 이미지를 생성하려고 하면 이미지 자체가 망가질 수도 있다.

챕터 3에서 해설한 Hires. Fix 또한 다양한 업스케일링 방식 중 하나인데, 여기서는 img2img를 활용한 업스케일링을 설명하겠다.

>>> img2img를 써서 업스케일링을 해보자

생성된 이미지를 img2img로 업스케일링한다. 우선 txt2img 탭에서 이미지를 생성하자. 생성된 이미지를 뷰어의 Send to img to img ❶ 를 클릭해 img2img 탭에 보낸다.

Prompt

masterpiece, best quality, ultra detailed, 1girl

Negative Prompt

worst quality, low quality, normal quality, easynegative, NSFW

Seed : 43598724
생성 크기 : 512×512px

img2img 탭에서 Resize to ❷의 파라미터로 확대한 후, 크기를 지정한다. 이번에는 두 배인 1024×1024로 지정했다. Resize by로 확대할 배율을 지정해도 마찬가지다.

가능한 한 입력 이미지와 비슷한 이미지를 생성하고자 하므로, 프롬프트는 변경하지 않고 Resizez mode : Just resize ❸, Denoising strength : 0.5 ❹ 로 설정한다. Denoising strength 값은 작을수록 확대하기 전에 입력한 이미지를 충실하게 재현하지만, 너무 작으면 크기가 크더라도 저해상도처럼 선명하지 않은 이미지가 출력된다. 설정을 끝냈다면 Generate를 클릭해 이미지를 생성한다.

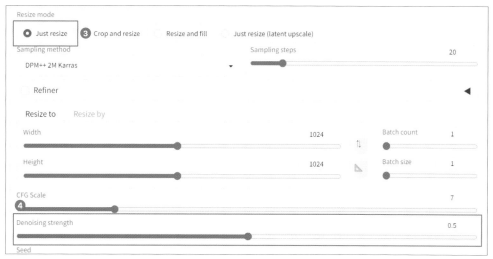

▲ Denoising strength와 Step은 X/Y/Z plot을 활용해 자신에게 맞는 값을 찾자.

이렇게 하면 고해상도 이미지가 생성된다. 이전과 비교하면, 선이 부드러워지고 세부적인 묘사도 좋아져서, 단순히 크기를 늘린 게 아니라 업스케일링에 성공했다는 것을 알 수 있다. 이 생성 이미지에 다시 img2img를 진행해 512 → 1024 → 2048로 세부적인 정밀함을 유지하면서 해상도를 향상할 수도 있다.

입력 이미지

업스케일링 이미지

확장 기능으로 업스케일링을 해보자

이 섹션에서는 AUTOMATIC1111의 확장 기능인 Ultimate SD Upscale을 이용한 업스케일링을 설명한다.

⟫⟫ Ultimate SD Upscale이란?

섹션 4-6에서 img2img를 활용한 업스케일링을 배웠다. 이번에는 또 다른 방식인 Ultimate SD Upscale이란 확장 기능을 활용한 업스케일링을 설명하겠다. 우선 확장 기능을 설치하는 부분부터 시작하자.

COLUMN 확장 기능에 대해

Stable Diffusion 및 AUTOMATIC1111은 오픈 소스 라이선스로 프로그램의 소스 코드를 공개하고 있다. 즉 모두가 해당 프로그램을 마음껏 이용하고, 추가 프로그램을 개발하고 공개할 수 있다는 뜻이다. 이런 추가 프로그램들을 이용하면, 자신의 이용 환경에 맞게 새로운 기능을 덧붙이거나 더욱 자유롭게 활용할 수 있도록 확장할 수 있으므로 적극적으로 이용하면 좋다. 단, 확장 기능에 따라서는 제한이 걸린 라이선스도 있으므로 설치 전에 확인하자.

⟫⟫ 확장 기능을 설치한다

모든 확장 기능은 WebUI를 통해 설치할 수 있다. 우선 WebUI를 시작해 Extensions 탭 ❶ 을 연다. Install from URL ❷ 을 선택하고, URL for extension's git repository ❸ 에 설치하고자 하는 확장 기능의 GitHub 페이지에서 code ❹ 를 클릭해 복사 및 붙여넣기를 한다.

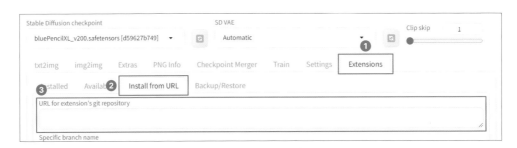

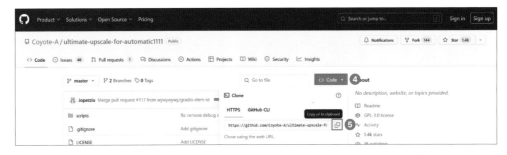

이번에 이용하는 Ultimate SD Upscale은 아래 GitHub에서 설치할 수 있다.

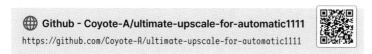

Github - Coyote-A/ultimate-upscale-for-automatic1111
https://github.com/Coyote-A/ultimate-upscale-for-automatic1111

URL ❻ 을 입력하고, Install ❼ 을 클릭하면 자동으로 입력 URL로부터 확장 기능을 받아서 설치한다.

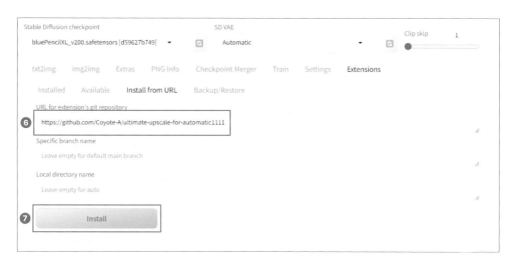

설치가 완료되면 Installed 탭 ❽ 을 클릭하고, 설치 완료된 확장 기능 목록에서 Ultimate SD Upscale ❾ 이 있는지 확인한다. 목록에 없다면 Apply and quit ❿ 을 클릭해 WebUI를 재시작하고 다시 확인하자. Colab의 경우, Colab 메모장의 마지막 셀을 다시 한번 실행한 다음 새로운 Gradio의 URL에 접속해야 한다.

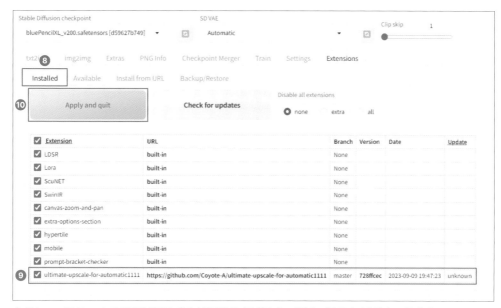

▲ Ultimate SD Upscale이 목록에 없다면, 에러가 빨간색 글씨로 화면에 표시된다. 이를 주의 깊게 살펴보도록 하자.

⟫⟫⟫ Ultimate SD Upscale을 써보자

WebUI를 재시작한다. Ultimate SD Upscale
은 img2img에서 사용하는 확장 기능이므로,
img2img 탭으로 이동하자. Generation 탭의 맨
아래에 있는 Script 메뉴에서 Ultimate SD
Upscale ❶을 선택한다.

Ultimate SD Upscale 메뉴에서 추가로 파라미터 다섯 가지를 설정한다.

❶ Target size type
업스케일링을 한 이미지의 크기를 지정한다.

From img2img2 settings : img2img 탭의 설정에 맞춘다.

Custom size : 슬라이더가 표시되며, 가로세로 크기를 각각 지정한다.

Scale from image size : 입력 이미지의 크기에서 몇 배로 할지 지정한다.

❷ Upscaler
이용할 업스케일러의 알고리즘을 선택한다.

❸ Type
업스케일링을 할 때, AI는 이미지를 나눠서 처리한다. 이때 나눈 부분을 '타일'이라고 한다. 여기서는 타일을 나누는 방법을 지정한다. 기본적으로는 초기 상태를 유지해도 된다.

❹ Tile width/height
타일의 크기를 지정한다.

❺ Mask blur
타일 사이의 경계를 얼마나 흐릿하게 할지 지정한다.

그럼, 실제로 한번 써보자. 우선 txt2img로 생성한 이미지를 준비한다. 이를 img2img 탭에 업로드하고, img2img → Resize by : 2, Denoising strength : 0.5로 지정한다. Ultimate SD Upscale → Upscaler : R-ESRGAN 4x+를 선택하고, 다른 것은 초기 설정을 유지한 채 생성한다.

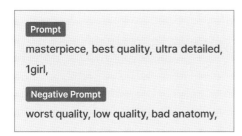

업스케일링 전과 후를 비교해 보면, 해상도가 높아진 것을 알 수 있다.

업스케일링 전

업스케일링 후

방금 업스케일러로 R-ESRGAN 4x+라는 것을 선택했는데, 다른 업스케일러로 진행하면 어떤 이미지가 생성될까. 한번 테스트해 보자.

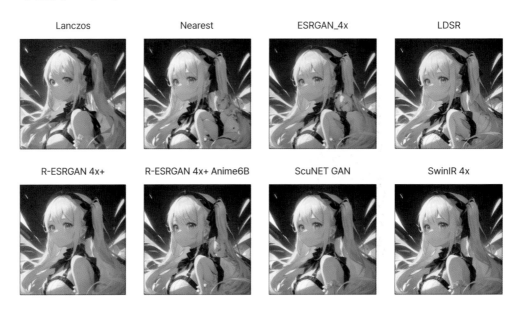

일부 업스케일러는 기존 이미지와 달리 소녀를 한 명 더 생성했다. 현재 조건에서는 R-ESRGAN 4x+로 진행했을 때 가장 품질이 좋아 보인다. 실사풍 이미지를 생성할 때처럼 조건이 바뀌면 상성이 좋은 업스케일러 또한 달라지기 때문에, 자신의 목적에 맞춰 용도를 구분해서 활용하면 효과적이다.

ControlNet을 활용해 보자

이미지로부터 특정 정보를 추출할 수 있는 ContolNet을 이용하면, 더 자유롭게 이미지를 생성할 수 있다. ControlNet을 활용하는 데 필요한 환경을 갖추고, 프리 프로세서의 기능을 이해해서 도구 활용 능력을 향상하는 데 도전하자.

ControlNet을 알아보자

이 섹션에서는 자신의 의도대로 이미지를 생성하는 데 도움이 되는 확장 기능인 ControlNet의 개요를 설명한다.

⟫⟫ ControlNet은 무엇인가?

ControlNet은 2023년 2월에 <Adding Conditional Control to Text-to-Image Diffusion Modes(텍스트에서 이미지를 생성하는 확산 모델에 대한 조건 제어 추가)>라는 논문에서 나온 Stable Diffusion의 파생 확장 기술이다. 이를 이용하면, 프롬프트에 추가로 이미지나 자세를 입력해 프롬프트만으로는 지시할 수 없는 복잡한 구도나 문자로 설명하기 어려운 자세, 원본 사진의 캐릭터를 재현한 이미지 등을 생성할 수 있다.

이 기술을 만든 사람은 논문의 주요 저자인 Illyasviel(Zhang Lvmin)로, 2024년 3월 현재 Illyasviel의 GitHub 및 Hugging Face에서 기술의 상세 정보와 모델을 공개 중이다.

 Github - Lllyasviel / ControlNet-v1-1-nightly
https://github.com/lllyasviel/ControlNet-v1-1-nightly

또한 Mikubill이 ControlNet을 AUTOMATIC1111에서 사용할 수 있도록 확장 기능을 만들어 오픈 소스로 공개했다.

 Github - Mikubill / sd-webui-controlnet
https://github.com/Mikubill/sd-webui-controlnet

ControlNet은 Stable Diffusion의 확산 모델에 의한 공간적 조건 제어를 추가한 인공신경망 기술이다. 이미지에서 자세를 추출하는 openpose 및 윤곽선을 추출하는 canny 등 여러 가지 종류의 '프리 프로세서'로 구성되며, 추출한 정보를 txt2img를 이용한 이미지 생성에 조건 제어로 활용한다. 각 프리 프로세서를 목적에 따라 구분해 이용하면, 기존 txt2img에서 다루기 어려웠던 구도나 자세 등을 제어해 자신이 의도한 대로 이미지를 생성할 수 있다.

≫≫ img2img와 ControlNet의 차이를 알아두자

이미지와 프롬프트를 기반으로 새로운 이미지를 생성한다고 하면 이 책에서 공부한 img2img를 떠올릴 것이나, img2img와 ControlNet은 완전히 다른 기술이다.

img2img는 입력 이미지 전체의 특징을 파악해 이미지를 생성하지만, ControlNet은 입력 이미지상의 정보(그림, 경계선, 자세, 심도 등)를 프리 프로세서로 사전에 분석해 각 프리 프로세서가 맡은 특정 요소의 특징만을 입력 이미지로부터 추출해 이미지를 생성한다. 예컨대 아래와 같이 입력 이미지에서 자세만 재현할 수도 있다.

 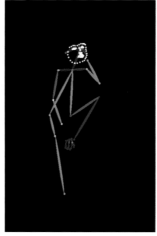 

▲ 왼쪽부터 무료 이미지 사이트인 Pexels에서 다운로드한 사진, openpose 프리 프로세서로 추출한 인물의 자세, 이를 토대로 생성한 이미지

위 그림은 OpenPose라는 프리 프로세서를 이용해 사진에 있는 인물의 자세와 표정을 3D 좌표(정확히는 각 관절의 행렬)로 추출해서, 이를 토대로 같은 자세를 취한 인물의 이미지를 생성한 것이다. 생성 이미지의 자세와 표정에만 입력 이미지의 특징이 반영됐으며, 인물과 복장 등 그 이외의 특징은 완전히 다르다. 이처럼 ControlNet은 프리 프로세서가 만들어낸 제약 조건을 적용해, 자신이 원하는 특징만 반영된 이미지를 자유자재로 생성할 수 있는 강력한 기술이다.

COLUMN 오픈 소스 라이선스의 확인

ControlNet 중에 가장 편리한 것이 openpose인데, 상용으로 쓸 수 없는 라이선스도 존재하므로 상용으로 이용할 때는 주의해야 한다. 영상 및 방송 업계에서 시스템을 구축하거나 업무 목적으로 다운로드할 때는 라이선스를 신경 써서 확인해야 한다.

ControlNet을 다운로드해서 준비한다

이 섹션에서는 ControlNet의 설치 방법을 설명한다.

>>> ControlNet을 설치한다

이전 섹션에서 소개한 바 있지만, ControlNet 자체는 AUTOMATIC1111의 확장 기능이므로, Extensions의 SD Upscaler처럼 본체를 설치하면 된다. 하지만 ControlNet은 본체와는 별도로 '프리 프로세서 모델'을 추가 설치해야 한다. Colab과 로컬 환경 각각에서 어떻게 설치해야 하는지 설명하겠다.

▌Colab 환경에서 설치하기

아래의 Colab 메모장을 사용한다. 이 메모장에는 필요한 확장 기능을 설치할 수 있는 코드 셀이 준비돼 있다.

🌐 **AICU A1111 TheLastBen on Colab**
https://j.aicu.ai/SBXL2

지금까지와 마찬가지로 '파일'에서 '구글 드라이브에 복사본을 저장'하고, 위에서부터 순서대로 셀을 실행한다. 그러면 확장 기능인 ControlNet과 프리 프로세서 모델을 동시에 설치할 수 있다. ContolNet 블록의 맨 위에 있는 XL_Model에서 다운로드 가능한 프리 프로세서를 선택한다. All을 선택하면 모든 프리 프로세서를 설치한다.

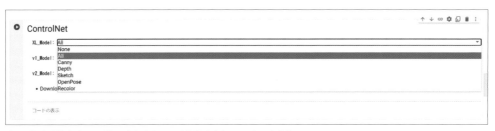

▲ All을 선택하면 다운로드할 용량이 커지므로, 이용하기까지 10분 정도 걸린다.

프리 프로세서 모델을 전부 다운로드하면, Start Stable-Diffusion 셀을 실행해서 WebUI를 시작한다.

▌로컬 환경에서 설치하기

로컬 환경일 경우, ControlNet 본체(extensions)와 프리 프로세서 모델을 나눠 설치해야 한다. 우선 Extensions의 본체를 다운로드하자. 아래 URL에서 설치하면 된다.

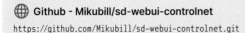

🌐 **Github - Mikubill/sd-webui-controlnet**
https://github.com/Mikubill/sd-webui-controlnet.git

GitHub의 code ❶를 열고, ⓒ복사 ❷를 클릭해서 링크를 복사하자. 클립보드에는 https://github.com/Mikubill/sd-webui-controlnet.git이 복사된다.

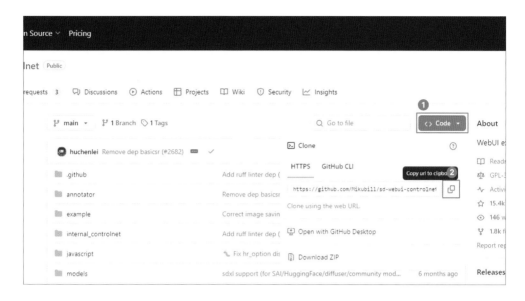

일반적인 확장 기능과 마찬가지로, 설치하고자 하는 확장 기능이 공개돼 있는 GitHub의 URL을 WebUI의 Extensions 탭의 Install from URL → URL for extension's git repository ❶에 https://github.com/Mikubill/sd-webui-controlnet.git를 붙여넣고 Install ❷ 버튼을 클릭한다.

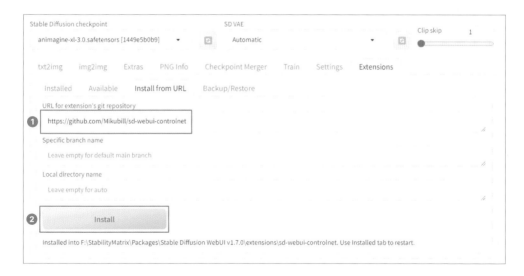

Install 버튼을 누르고 5초 정도 기다린 후, Installed ③ 탭 → Check for updates ④ → Apply and quit UI ⑤ 를 클릭한다. 업데이트가 끝나고 Installed의 목록에 들어 있는 것을 확인한 다음, Stability Matrix를 재시작한다. (컴퓨터 자체를 재시작하는 것이 더 좋음) 이 단계에서 ControlNet 본체는 Data/Extensions/에 들어가 있을 것이다. 이어서 모델 다운로드로 이행한다.

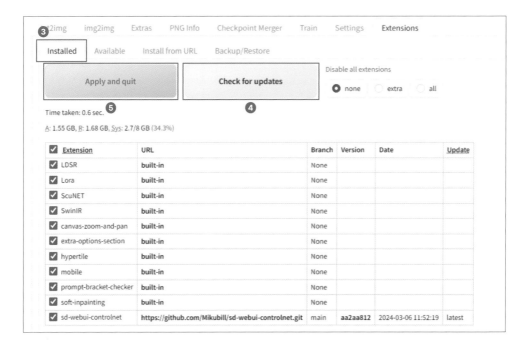

Stability Matrix의 Model Browser에서 Extensions 본체와 프리 프로세서를 체크박스로 선택해 설치한다. 다만, 실제로 설치해 보면 일부 동작이 불분명할 때가 있으므로 그럴 때는 이후 설명할 프리 프로세서 모델의 로컬설치 순서에 따라 진행하자. (이 과정을 거치면 쾌적하게 이용할 수 있다.)

다음으로 프리 프로세서 모델을 다운로드하자. ControlNet은 SD 1.5, SD 2.0, SDXL의 베이스 모델별로 각각 다른 모델이 있으며, 이용 중인 Stable Diffusion의 모델에 맞게 프리 프로세서 모델을 선택해서 사용해야 한다. (SD별로 호환성이 없음) AUTOMATIC1111 확장 기능을 만든 Mikubill이 아니라, Illyasviel의 Hugging Face에 ControlNet의 프리 프로세서 모델이 집약돼 있다.

🌐 **Illyasviel SD Control Collection(SDXL용 모델 파일)**
https://huggingface.co/lllyasviel/sd_control_collection/tree/main

🌐 **Illyasviel ControlNet1.1(SD 1.5용 모델 파일)**
https://huggingface.co/lllyasviel/ControlNet-v1-1/tree/main

그럼 다운로드를 진행해 보자. 파일명 오른쪽에 있는 다운로드 아이콘을 클릭하면 다운로드가 시작된다. 용량이 크지 않은 파일이라 전부 다운로드해도 괜찮지만, 본인의 PC 용량이 넉넉하지 않다면 일단 시험 삼아 Canny ❸ 모델을 다운로드하고 수시로 다른 프리 프로세서 모델도 추가하는 것을 추천한다.

다운로드가 끝났다면, 프리 프로세서의 모델 파일을 이동시켜야 한다. 이번에는 StabilityMatrix-win-x64 (또는 Applications) > Data > Packages > stable-diffusion-webui > extensions > sd-webui-controlnet > models로 다운로드한 모델을 이동하자. 그리고 WebUI를 재시작한다. 이러면 ControlNet 설치가 완료된다.

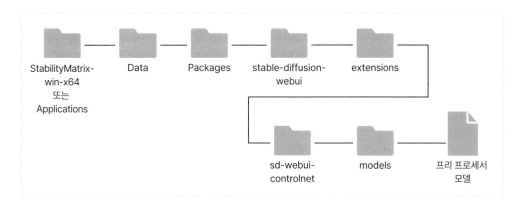

WebUI를 재시작하면 txt2img → Generation 탭에 ControlNet 버전명 ❹ 이 추가된 모습을 확인할 수 있다. 다음 페이지부터 ControlNet의 이용 방법을 설명하겠다.

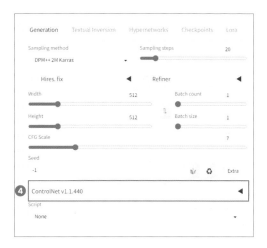

ControlNet을 이용해 이미지를 생성한다

이 섹션에서는 실제로 ControlNet을 써서 이미지를 생성하는 방법을 설명한다.

>>> ControlNet의 여러 기능들

txt2img → Generation 탭에서 ControlNet을 클릭하면 ControlNet 메뉴가 표시된다. 항목이 매우 많으므로 모든 기능을 시험해 볼 필요는 없지만, 일단 기본 조작 방식을 공부해서 전체적인 흐름을 파악한 후에 각 항목을 확인해 볼 것을 권한다.

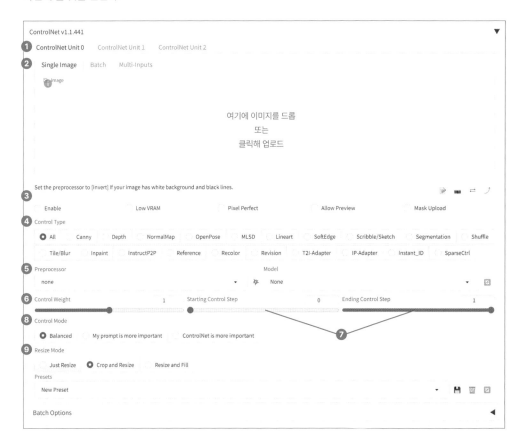

❶ ControlNet Unit 탭

ControlNet을 이용하기 위해 입력 이미지를 업로드하고 파라미터를 설정하는 탭이다. 둘 이상의 ControlNet을 동시에 사용할 수도 있으며, 그때는 다른 탭을 열어 파라미터를 설정해야 한다.

❷ Single Image/Batch/Multi-inputs 탭

Single Image 탭 : 입력 이미지를 한 장 업로드한다. Inpaint처럼 마스킹을 설정할 수도 있다.

Batch 탭 : 사전에 이미지를 같은 폴더에 넣어두고, 해당 폴더를 경로로 지정해 여러 장을 한 번에 업로드 처리하는 방식이다.

Multi-inputs 탭 : 입력 이미지를 여러 장 업로드해 한꺼번에 처리할 때 사용한다. 같은 폴더에 넣어두지 않아도 된다.

❸ Enable/Low VRAM/Pixel Perfect/Allow Preview/Mask Upload 옵션

Enable : On으로 하면 ControlNet이 작동한다.

Low VRAM : 이용 중인 VRAM 용량이 부족해 생성을 진행할 수 없을 때 사용한다. 그 대신에 생성 속도가 느려진다.

Pixel Perfect : Preprocessor resolution(프리 프로세서의 해상도)을 자동 설정하도록 한다. 초기 설정은 On으로 돼 있다.

Allow Preview : On으로 하면, 💥버튼을 눌렀을 때 프리 프로세서의 추출 정보를 확인할 수 있다. 자세한 내용은 나중에 설명한다.

Mask Upload : 입력 이미지에서 마스킹한 부분을 업로드할 때 이용한다.

❹ Control Type

이 기능으로 프리 프로세서 종류를 선택하면 Preprocessor/Model의 후보가 자동으로 설정된다. 상세 설정을 할 때 주로 이용한다.

❺ Preprocessor/Model

프리 프로세서와 모델을 선택한다. 💥버튼을 클릭하면 Allow Preview로 생성 미리보기를 할 수 있다.

❻ Control Weight

ControlNet의 가중치(영향력)를 설정한다. 1을 기준으로, 생성 결과를 보면서 조절하자.

❼ Starting Control Step/Ending Control Step

ControlNet을 작동시키는 개시 및 종료 step을 설정한다. ControlNet은 제어 능력이 매우 강해서 이따금 이미지 자체를 망가뜨릴 수 있으니, 작동하는 step을 제한해서 이를 방지해야 한다. 0%가 첫 step, 100%가 마지막 step을 나타낸다. 예컨대 Starting Control Stop : 0.2/Ending Control Step : 0.7이라면, 생성 개시 20%부터 70% 사이의 step에서만 ControlNet이 작동한다. 이미지가 망가지면 사용해 보자.

❽ Control Mode(Balanced/My prompt is more important/ControlNet is more important)

ControlNet과 프롬프트 지시 사이의 균형 관계를 설정한다.

❾ Resize Mode

입력 이미지의 보완 방식을 설정한다. 선택 항목은 img2img 때와 같다.

>>> Canny를 이용해 이미지를 생성해 보자

먼저 입력 이미지를 드래그 앤드 드롭 또는 업로드
영역 클릭을 이용해 업로드하자. 사진이든 일러스
트이든 상관없으며, 인물 이외의 이미지도 올릴 수
있다.

이미지 업로드를 완료했다면, Enable ❶ 의 체크가 자동으로 On이 된 것을 확인하자. 만약 Off 상태라면,
ControlNet은 작동하지 않는다. 그리고 Pixel Perfect ❷ 도 On으로 해두자.

다음으로, 어떤 프리 프로세서 모델을 이용할지 선택한다. Control Type 메뉴에서 프리 프로세서를 선택하면 모
델을 고를 수 있다. 초기 상태는 All이며, Preprocessor에서 직접 이용할 프리 프로세서를 선택할 수도 있지만,
여기서는 Control Type : Canny ❸ 를 선택한다.

▲ 처음에는 Control Type에서 선택하고 나서 모델을 고르는 편이 더 원활하게 진행할 수 있을 것이다.

Control Type 메뉴에서 프리 프로세서를 선택하면 자동으로 아래의 Preprocessor ④ 와 Model ⑤ 이 선택된다. 만약 자동으로 진행이 안 된다면, 🔄을 눌러 control_v11p_sd21_canny처럼 처리 과정 이름과 모델명이 포함된 항목을 선택하면 된다.

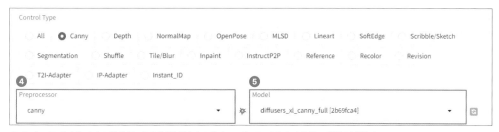

▲ 프리 프로세서에 따라 모델이 두 개 이상 존재하기도 한다. 그러므로 자신이 이용할 모델을 선택하자.

이렇게 ControlNet의 적용이 완료됐다. 일반적인 txt2img와 같은 프롬프트 및 파라미터를 설정해 Generate를 클릭, 이미지를 생성한다.

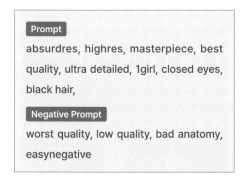

입력 이미지

출력 이미지

프리 프로세서에서 추출한 특징이 무엇인지 확인하고 싶을 때는 프리 프로세서와 프리 프로세서의 모델을 선택한 상태에서 💥을 클릭한다. 그러면 Allow Preview에 체크가 되면서 업로드한 이미지 오른편에 추출한 요소의 이미지(Preprocessor Preview)가 표시된다. 이 이미지는 오른쪽 위에 있는 다운로드 ⑥ 를 클릭하면 저장할 수 있다.

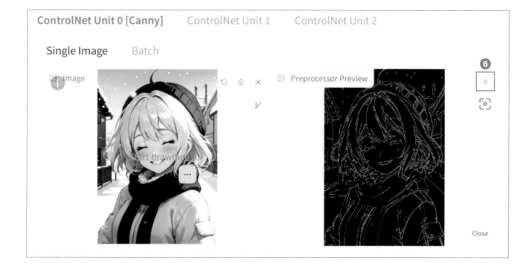

>>> ControlNet의 가중치를 조절한다

ControlNet을 이용해 생성하다 보면, '좀 더 ControlNet에서 설정한 대로 되면 좋겠다.' 'ControlNet이 너무 강해서 프롬프트가 적용이 잘 안 된다.' 같은 불만이 발생할 수 있다. 그런 경우, ControlNet의 파라미터를 조절하자. 여기서는 Control Weight ❶ 와 Control Mode ❷ 를 설명한다.

Control Weight에서는 ControlNet의 가중치를 변경해 파라미터 0에서 2.0까지 값을 설정할 수 있다. 1.0 이하에서 ControlNet의 효력은 약해지고, 숫자가 클수록 강해진다. OpenPose의 경우, 인물이 취한 자세뿐만 아니라 머리와 몸도 입력 이미지에 더 가까워진다.

Control Mode를 이용하면, 프롬프트 지시와 ControlNet이 미치는 영향의 정도를 변경할 수 있다. 초깃값은 중간 상태인 Balanced❸이며, My prompt is more important❹로 프롬프트를 우선하거나, ControlNet is more important❺로 ControlNet을 우선할 수 있다.

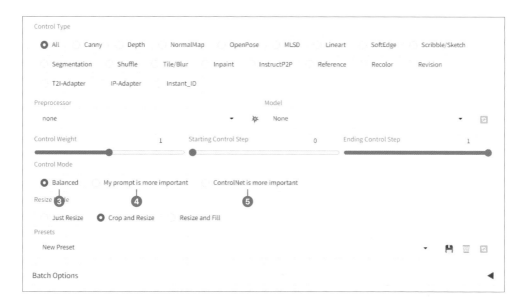

이처럼 생성하고자 하는 일러스트에 맞춰 ControlNet의 가중치를 조절하자. 기본적으로는 지금까지와 마찬가지로 생성 결과를 보면서 조절하는 것이 좋다. 처음에는 어렵게 느껴질 수도 있으나, 자신의 환경에 맞게 적절한 설정을 찾아내면 자유자재로 이미지 생성을 제어할 수 있다. 다양한 프리 프로세서를 구사할 수 있길 바란다!

COLUMN 둘 이상의 ControlNet을 사용한다

ControlNet은 동시에 둘 이상을 사용할 수 있다. 단, 동시에 사용하는 ControlNet의 개수가 많을수록 제어하기 어려워지며 이미지가 망가질 가능성이 커지므로 주의해야 한다. Settings 탭의 Uncategorized → ControlNet → Multi ControlNet : ControlNet unit number (requires restart)❶ 의 값이 동시에 사용할 ControlNet의 최대 개수다. 변경 후에 Apply settings를 클릭해 WebUI를 열면, 지정한 수만큼 ControlNet Unit 탭이 표시된다.

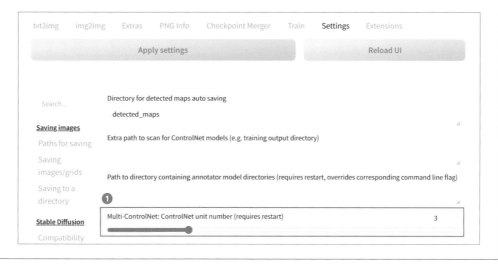

프리 프로세서의 역할을 이해한다

이 섹션에서는 ControlNet의 프리 프로세서에 어떤 기능이 있는지 설명한다. ControlNet을
제대로 사용하려면 자신의 목적에 맞는 프리 프로세서를 선택하는 것이 매우 중요하다.

>>> 프리 프로세서의 대표적인 기능을 숙지하자

우선 유명한 프리 프로세서부터 순서대로 역할과 사전 처리로 얻을 수 있는 정보가 무엇인지 알아보자. 이 섹션에
서 사용하는 입력 이미지는 생성 이미지이거나 무료 사진 사이트인 Pexels에서 다운로드했다.

Canny

입력 이미지의 윤곽선(canny)을 추출해 이를 토대로 이미지를 생성한다.

| 입력 이미지 | Preprocessor Preview | 생성 이미지 |

| 입력 이미지 | Preprocessor Preview | 생성 이미지 |

Depth

이미지의 심도를 추출한다. 가까운 부분과 먼 부분이 확실히 구분된다.

입력 이미지 　　　　　　　　Preprocessor Preview 　　　　　　　　생성 이미지

 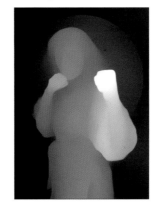 

Scribble / Sketch

이미지에서 윤곽선을 추출하는데, Canny보다는 간략하게 추출하는 편이다. Scribble은 낙서 또는 휘갈겨 쓴다
는 뜻이다. 직접 그린 스케치를 이용할 수도 있다.

입력 이미지 　　　　　　　　Preprocessor Preview 　　　　　　　　생성 이미지

Recolor

이미지의 음영을 추출해 음영은 그대로 유지한 채 이미지의 색상을 변경한다.

입력 이미지 　　　　　　　　Preprocessor Preview 　　　　　　　　생성 이미지

OpenPose

입력 이미지에서 인물이 취하고 있는 자세를 3D 좌표로 추출한다. 신체뿐만 아니라 얼굴 방향 및 표정까지 추출할 수 있다.

입력 이미지	Preprocessor Preview	생성 이미지

COLUMN OpenPose를 더 능숙하게 사용해 보자

OpenPose의 모델은 기본적인 OpenPose뿐만 아니라, 표정 추출을 하는 OpenPose-face, 손가락의 좌표를 추출하는 OpenPose-hand, 전부 다 할 수 있는 OpenPose-full 등 여러 종류가 있다. 가장 성능이 좋은 full은 처리 과정이 많으므로, 표정이 필요 없는 경우에는 openpose-hand를 사용하는 식으로 용도에 맞게 구분해 이용한다.

입력 이미지	OpenPose	OpenPose-face	OpenPose-hand	OpenPose-full

추출된 3D 좌표는 SD-WEBUI-OPENPOSE-EDITOR를 이용해 브라우저상에서 손쉽게 편집할 수 있다. 예컨대 자신의 의도에 맞춰 왼팔 위치를 낮춘 이미지를 생성할 수도 있다.

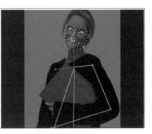

 SD-WEBUI-OPENPOSE-EDITOR
https://huchenlei.github.io/sd-webui-openpose-editor/

144

>>> 다양한 정보를 처리하는 프리 프로세서도 알아두자

지금까지 소개한 프리 프로세서 외에도, 아래와 같이 기능이 다양한 프리 프로세서가 있다. 직접 모델을 다운로드해서 시험해 보자.

LineArt
이미지에서 더욱 섬세하게 윤곽선을 추출한다.

MLSD
이미지에서 윤곽선을 추출하되, Canny와 달리 간단하게 직선만 추출한다. 건축물을 묘사할 때 편리하다.

SoftEdge
부드러운 터치로 이미지로부터 윤곽선을 추출한다.

NormalMap
이미지의 법선매핑을 추정해서 이를 추출한다. 법선매핑이란 돌출된 곳이나 울퉁불퉁한 면의 방향을 RGB로 변환한 것을 말한다. 면을 입체적으로 만들 수 있어서 3D CG의 텍스처 매핑에 활용된다.

Segmentation
이미지에 포함된 요소들을 오브젝트 자체로 인식해 분할한 다음, 이를 기반으로 이미지를 생성한다. 구도 및 원래 있던 요소를 그대로 유지한 채 이미지를 생성하고자 할 때 이용한다.

Shuffle
원본 이미지의 분위기를 유지하면서 조금 다른 이미지로 바꾼다. 캐릭터에 차이를 만들며 생성하고자 할 때나 약간의 무작위성을 부여하고 싶을 때 편리하다.

Tile
주로 이미지의 업스케일링에 활용된다. 원본 이미지를 타일처럼 분할하고, 각각 업스케일링을 진행해 더욱 세밀하게 작업할 수 있다.

Inpaint
이전 장에서 소개한 Inpaint와 같다. 이미지에서 임의의 구역을 지정해 해당 구역만 새로 생성한다.

ControlNet은 수많은 기능으로 구성되며, 프리 프로세서 하나하나에 이미지 처리 기술이 적용돼 있다. 이름이나 기능만 들으면 전부 어려운 전문용어처럼 느껴지나, 유서 깊은 이미지 처리 기술이기도 하고 각기 다른 기능을 수행하니, 신경 써서 테스트해 보고 자신에게 도움이 될 만한 기능을 기억해 두기를 바란다.

Chapter

6

LoRA를 만들어 활용해 보자

LoRA(Low-Rank Adaptation)를 활용한 이미지 생성 및 학습 파일 작성에 도전해 보자. 학습 영역은 이미지 생성 AI와 관련한 내용 중에서 가장 복잡하고 난해하다. 스스로 응용할 수 있을 때까지 시행착오를 반복하면서 훈련하자.

추가 학습으로 무엇을 할 수 있는지 알아보자

이 장에서는 주로 추가 학습을 다룬다. Stable Diffusion의 베이스 모델은 텍스트로부터 이미지를
생성하는 AI였다. 이때 텍스트는 추가 학습되지 않는다. 이 장벽을 넘어서는 방법을 알아보자.

》》 Stable Diffusion의 추가 학습을 알아보자

지금까지 공부한 Stable Diffusion의 이용 방법은 '텍스트 및 이미지를 이용해 AI 모델에게 어떤 그림을 그리도
록 명령'하는 형태였다. 그래서 프롬프트 및 이미지 정보를 입력했는데, 이러한 내용은 학습되지 않는다. 지금부터
는 학습, 즉 '텍스트와 이미지를 활용해 AI 모델을 가르치는' 방식으로 Stable Diffusion을 어떻게 이용하는지 알
아본다. 이 장의 전반부에서는 다른 사람이 미세 조정(fine-tuning)해서 내놓은 성과를 편하게 재이용하는 방법을
설명하고, 후반부에서는 '자신이 직접 추가 학습 파일을 만드는 법'을 설명한다.

》》 LoRA란 무엇인가?

Stable Diffusion의 미세 조정 방식 중 가장 이용하기 쉽고 널리 보급된 것이 바로 LoRA라는 수법이다. LoRA는
2021년 6월 17일에 발표된 연구 논문에서 제안한 방식으로, 'Low-Rank Adaptation of Large Language
Models'라고 한다. 직역하자면 '대규모 언어 모델의 저순위 적응'이라는 뜻이다.

 GitHub - LoRA: Low-Rank Adaptation of Large Language Models
https://github.com/microsoft/LoRA

대규모 언어 모델(LLM)은 '전 세계의 언어를 학습한 인공지능 언어 모델'을 뜻하며, ChatGPT가 유명하다. 저순
위 적응은 미세 조정의 다른 말이다. LoRA는 미세 조정을 거친 LLM이란 말이다. 미세 조정을 거친 LLM은 '사투
리를 구사하는 LLM'이라거나 '법률 용어에 특화된 LLM' 등 특정한 면모가 강화된 언어 모델을 말한다. 요컨대,
사전 학습을 완료한 언어 모델을 기반으로 하되 후가공을 거쳐 '해당 모델에서 추가로 특징적인 차이점만 학습시
킨 것'이 미세 조정이며 '저순위 적응'인 것이다. LoRA의 정체 또한 머신러닝 때와 마찬가지로 weights, 즉 '가중
치'를 둔 수치 파일이다.

Stable Diffusion에서 LoRA는 상기 언어 모델과 똑같게 저차원 이미지를 적응 학습시키면서 목표에 맞게 효율
적으로 작동하도록 조절한다. 다시 말해, '전 세계의 다양한 이미지를 생성할 수 있는 대규모 이미지 생성 모델'로
부터 '목표로 설정한 특징을 지닌 요소만' 우선으로 생성하도록 weights(가중치)를 추가한 학습 데이터 파일이라
고 이해하면 된다.

LoRA를 활용하면 세계관 및 인물 복장, 배경, 자세 등의 특징을 고정한 채 이미지를 생성할 수 있다. 인물과 배경,
표정 연출 등에 분위기나 작풍을 부여하면서 무작위로 생성할 수 있으므로, 만화를 제작할 때도 적합하다. LoRA
는 지금까지 소개한 모델 파일과 마찬가지로 .safetensors 파일 형태로 유통되고 있다.

그리고 로컬 환경의 Stability Matrix에는 '모델 브라우저' 기능이 내장돼 있어서, 여기서 여러 LoRA 파일을 간단하게 찾을 수도 있다. 이미 완성된 상태의 LoRA를 적용하기만 해도 생성 결과가 달라지므로, 자신이 생각한 대로 이미지를 생성하기 위해서라도 LoRA를 직접 정비해 두면 좋다.

COLUMN 향후 LoRA의 활용법

인터넷에 공개된 LoRA를 이용할 수도 있지만, LoRA를 제작해 기업이나 스튜디오, 제작팀 내에서 공유하는 편이 지식재산권(IP) 관리 및 상품성, 품질 관리 면에서 중요할 것이다. 반대로, 일반 사용자를 대상으로 '팬 아트를 그려주는' 목적을 위해 LoRA 및 LoRA 학습에 쓰는 데이터를 제공하는 방식 또한 향후 널리 퍼질 것이라 예상한다.

▲ 토호쿠 즌코 · 즌다몬 프로젝트 (https://zunko.jp/)

이미지 생성 AI 시대의 IP 관리와 2차 창작물, 라이선스와 관련해서는 새로운 논의가 진행 중이다. BlendAI사의 오리지널 캐릭터 '델타몬'은 크리에이티브 영역에서 AI 이용을 추진할 목적으로 만들어졌다. 흥미로운 점은 'AI 관련 이용은 상용 혹은 개인용을 불문하고 자유', '모든 델타몬의 공식, 2차 창작물은 AI 관련 학습에 써도 됨' 같은 규칙이다. 저작권법의 권리 문제를 따지지 않고 AI를 이용해 창작과 학습을 할 수 있다는 뜻이다. 이미지와 음성 등의 기본적인 소재뿐만 아니라, LoRA 및 음성 모델 등 이미 학습된 데이터 또한 적극적으로 공개해 나갈 방침으로, 생성 AI를 이용한 결과물의 상업적 이용을 포함한 IP 활용에 기존과 다른 발상 전환을 독려하고 있다. 또한 크라우드 펀딩을 중심으로 자금 모집을 진행해, 목표 금액을 웃돌아 달성한 바 있다. 아직 시작은 미약하지만 앞으로 몇 년에 걸쳐 확대될 것이 예상되므로 주목할 필요가 있다.

▲ 알파 파라다이스 프로젝트 (http://blendai.jp/)

hakomikan 씨가 만든 '델타몬을 예시로 캐릭터 LoRA를 만든다'(http://note.com/hakomikan/n/nbf8ce4cce1a9)로 생성된 LoRA는 Civitai에서 배포 중이다.

Deltamon
https://civitai.com/models/287719/deltamon

본 섹션에서 소개한 LoRA 학습 Kohya-ss/sd-scripts의 원작자인 kohya_tech 씨와 LoRA의 층별 적용(LoRA Block Weight)을 만든 hakomikan 씨 같은 개발자도 많이 공헌하고 있다. 이처럼 오픈 소스 개발자들은 X(트위터)에서 눈에 띄는 존재가 아니며, 주로 GitHub에서 코드 개발 활동을 하고 있다. 최신 LoRA 개발에 흥미가 있다면, 계정을 만들어 즐겨찾기 또는 구독할 것을 추천한다.

LoRA를 이용해 이미지를 생성하자

LoRA 파일을 다운로드해서 실제로 이용하기 위한 준비를 해보자. 또, 이미지를 생성해 가면서
LoRA의 가중치를 조절하는 방법을 공부해 보자.

>>> LoRA 파일을 다운로드한다.

현재 공개된 LoRA 파일을 이용해 이미지를 생성해 보자. 여기서는 츠키스와 · 나나 씨가 배포한 SDXL용 LoRA
를 다운로드한다. 이를 이용하면 일러스트 생성이 가능하다.

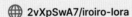

2vXpSwA7/iroiro-lora

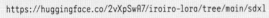

https://huggingface.co/2vXpSwA7/iroiro-lora/tree/main/sdxl

Hugging Face의 페이지를 열어 sdxl-lineart_10.safetensors ❶ 를 다운로드한다.

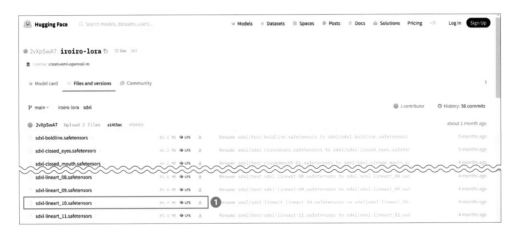

█ Colab 환경인 경우

다운로드한 파일을 sd > stable-diffusion-webui > models > Lora에 저장한다.

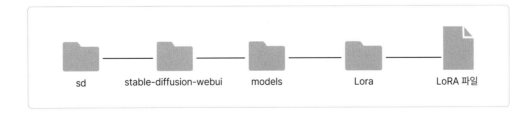

■ 로컬 환경인 경우

다운로드한 파일을 StabilityMatrix-win-x64 (또는 Applications) > Data > Packages > stable-diffusion-webui > models > Lora에 저장한다.

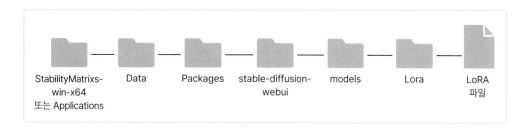

다운로드한 파일을 저장했다면 LoRA를 이용할 준비는 이것으로 끝났다.

>>> WebUI에서 LoRA를 적용한다

WebUI를 재시작해 txt2img → LoRA ❶ 탭을 클릭해 메뉴를 열자. 여기서는 다운로드한 LoRA 파일 목록을 확인할 수 있다. 조금 전 설치한 sdxl-lineart_10 ❷ 을 클릭하자.

▲ LoRA를 선택하는 화면에 다운로드한 모델이 표시되지 않는다면, 현재 선택한 모델과 LoRA의 대응 버전이 같은지 확인하자. 선택한 모델과 같은 버전인 LoRA 파일만 목록에 표시된다.

그러면 자동으로 프롬프트란에 <lora:test-sdxl-lineart-10:1>이 추가된다. 이제 LoRA를 이용할 수 있다. 실제로 이미지를 생성해 확인하자.

이미지를 생성해 생성 뷰어에서 로그를 확인해 보면, 어떤 LoRA 파일을 이용했는지 이름이 나오며 적용됐다는 사실도 알 수 있다. seed를 고정해 LoRA를 적용한 결과와 적용하지 않은 결과를 비교해 보면, LoRA를 적용해서 생긴 변화와 영향을 알 수 있다.

> **Prompt**
>
> absurdres, best quality, ultra detailed, 1girl, jacket, smile, flat chest, <lora:test-sdxl-lineart-10:1>
>
> **Negative Prompt**
>
> worst quality, low quality, normal quality, bad anatomy, easynegative, NSFW

또, 프롬프트란의 LoRA 지정은 <LoRA 명칭 : 숫자>로 표시된다. 콜론(:) 뒤에 있는 숫자는 LoRA의 가중치를 나타내며, 이 숫자를 조절해 LoRA의 가중치를 바꿀 수 있다. 이 숫자는 이용 중인 LoRA 파일에 따라 달라지나, 기본적으로 0~2 사이로 조절한다.

강도 : 0.6

강도 : 1.0

강도 : 2.0

강도 : 3.0

가중치를 너무 높게 지정하면, 구도가 크게 변하고, 뭉개짐 현상도 일어날 수 있으므로 LoRA를 제대로 쓰려면 직접 적당한 가중치를 찾아내야 한다.

Section 6-3

자신만의 전용 화풍 LoRA를 만든다

이 섹션에서는 화풍을 학습시킨 LoRA를 제작한다. 학습 시 필요한 메모리 용량 및 취급의 용이성을
고려해 SD 1.5 모델용 LoRA를 제작하겠다.

⟫⟫ 데이터 세트를 마련하자

섹션 6-1에서 말했듯이, LoRA는 여러 이미지의 특징을 학습해 만든다. 따라서 공통 요소가 포함된 이미지를 몇
장 준비해야 한다. 이렇게 학습 재료로 쓰이는 이미지를 '데이터 세트'라 한다. 여기서는 그림 전체의 분위기를 학
습해 이미지를 재현하는 LoRA를 제작할 예정이므로, AICU의 파트너 크리에이터인 9쇼쿠이인 씨의 허락을 받아
일러스트 15장을 데이터 세트로 이용하겠다.

🌐 **9shoku 데이터 세트(9shoku0219.zip)**
https://huggingface.co/AICU/SDXL-LoRA/resolve/main/9shoku0219.zip

화풍을 재현하려면 먼저, LoRA를 활용한 이미지 생성으로 재현하고자 하는 이미지의 구체적인 특징을 정해야 한
다. 이미지의 특징을 미리 픽업해 평가 기준으로 삼는다. 이번 데이터 세트에서는 ❶ 브러시 스트로크(brush
strokes, 디자인에서 바탕지의 질감을 살려 붓으로 강하게 자국을 만들면서 그리는 표현 기법−역주)를 강조할 것, ❷ 전
체적으로 명도 및 대비를 낮게 할 것, ❸ 홍채의 대비를 낮게, 입은 작게, 코에 그림자나 하이라이트를 넣을 것. 이
렇게 세 가지를 평가 지표로 한다.

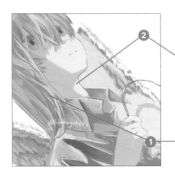

>>> 데이터 세트의 정규화를 진행한다

AI 학습을 진행할 때는 사전 준비가 매우 중요하다. 우선 학습시킬 데이터를 정리하자. 이번에 진행할 LoRA 학습에서는 1024×1024픽셀의 이미지를 이용할 예정이므로, 미리 이미지 크기를 조절해야 한다. 포토샵 같은 이미지 편집기로 1024×1024 크기에 맞게 이미지를 자르거나 축소한다. 부족하다면 덧붙이기를 하자. 이처럼 데이터를 일정한 규칙에 따라 정리하는 작업을 데이터 세트 정규화라 한다. 이번에는 이미지를 복제해서 좌우 반전한 것을 추가해 학습할 이미지 수를 30장으로 늘린다.

LoRA 학습에는 30~50장 정도의 이미지를 이용해야 품질을 안정시킬 수 있다. 학습 이미지 수가 부족하다면 상기와 같이 복제해서 좌우 반전하는 식으로 늘리도록 하자. 그리고 학습 이미지 중에 왼편을 향하고 있는 얼굴이 많다거나 LoRA에 반영하고 싶지 않은 편향이 있어도, 이 또한 이미지의 특징으로 간주해 학습해 버리므로 좌우 반전한 복사본을 추가하면 효과적이다.

⫸ LoRA 학습용 환경을 준비하자

데이터 세트를 준비하는 일반적인 방법을 이해했다면, 다음은 실제로 LoRA 학습을 진행하는 데 필요한 것을 준비해 보자. 이 책에서는 구글 Colab을 활용한 LoRA 작성을 체험할 수 있는 환경을 마련해 두었으므로, 이를 이용한다. 처음 구글 Colab을 이용하는 경우라면 본문 41쪽을 참고해서 Colab Pro를 구독해 두자.

우선 LoRA 작성을 위해 구글 Colab 메모장을 연다. 여기서는 샘플 데이터 세트를 활용한 LoRA 작성 체험을 위해 AICU_SDLoRA2_Lora_Trainer_Hollowstrawberry를 이용한다. 이 스크립트는 Hollowstrawberry 씨가 데이터 세트 준비 도구와 학습 부분을 나눠 단순화하고 유지 관리 중인 Lora_Trainer_XL를 바탕으로 한다. AICU 미디어 편집부가 일본어 번역과 조작 방법 설명을 추가했다.

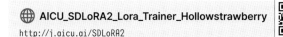

Hollowstrawberry 씨의 Lora_Trainer_XL에서 원본을 더 찾아보면, 일본인 개발자인 kohya-ss 씨가 개발 제작한 sd-scripts를 Linagruf 씨가 Colab 메모장에서 이용할 수 있게 만든 Dreambooth 형식의 LoRA 학습 스크립트를 기반으로 하고 있다. 이러한 일들은 전부 오픈 소스 덕분이라 할 수 있다.

이용하는 데이터 세트에 따라 LoRA 작성에 적합한 설정이 다르므로, 일단 이 책에서 제공하는 데이터 세트를 이용해 제작 및 평가를 진행해 보자. 그리고 일련의 과정과 파라미터 조정이 익숙해졌다면 오리지널 데이터 세트를 준비해서 도전해 보면 좋을 것이다.

위 링크에 있는 GitHub 페이지에서 Open in Colab ❶ 버튼을 눌러 Colab 메모장을 열자.

'AICU_SDLoRA2_Lora_Trainer_Hollowstrawberry' Colab 메모장이 열린다.

Colab 메모장이 열리면 우선, 파일 → 드라이브로 복사 ❷를 눌러 자신의 구글 드라이브에 저장해 두자.

이어서 런타임 → 런타임 타입 변경 ❸을 클릭해 고속 처리가 가능한 메모리를 선택한다.

여기서 이용할 GPU를 A100 GPU ❹ 또는 L4 GPU로 선택하자. 시간적인 여유가 있다면 전과 마찬가지로 T4 GPU를 선택해도 무방하다.

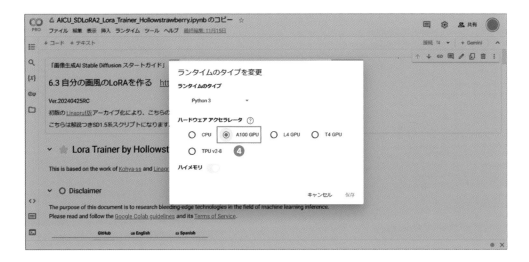

런타임에 접속됐다면, 다음 차례는 코드 셀 실행이다.

》》》 준비한 데이터 세트를 전개한다

먼저 코드 셀 'AICU 데이터 세트 준비'는 이 책에서 소개한 샘플 데이터 세트를 다운로드해서 자신의 구글 드라이브에 저장한다. 처음으로 LoRA 작성을 진행한다면, '셀 실행' ❶ 을 클릭해 필요한 데이터 세트를 저장해 두자.

이때, 메모장 실행 확인 및 구글 드라이브 접속 요청이 표시된다면 둘 다 허락한다.

코드 셀 'AICU 데이터 세트 준비'가 완료됐다면, MyDrive 폴더 아래에 Loras 폴더 ❷ 가 생긴다. 그리고 그 안에 개별 프로젝트 폴더가 만들어져 샘플 데이터 세트가 열린다.

≫ LoRA 학습 설정을 확인해 보자

이어서 코드 셀 'Start Here'는 학습에 필요한 설정을 코드 셀 하나로 지정해 실행할 수 있다. Setup 항목에서 학습 데이터가 있는 폴더를 지정해 '코드 셀 실행'을 하면 필요한 데이터의 다운로드 및 학습이 시작되며 LoRA 파일 작성을 진행할 수 있다.

이 코드 셀에는 이미 LoRA 작성 체험용 설정이 적용돼 있다. 따라서 세부 설정을 변경하지 않아도 되지만, 코드 셀 실행 전에 설정 항목이 어떤지 확인해 보자.

Setup 항목

여기서는 학습에 이용할 이미지와 모델을 설정한다.

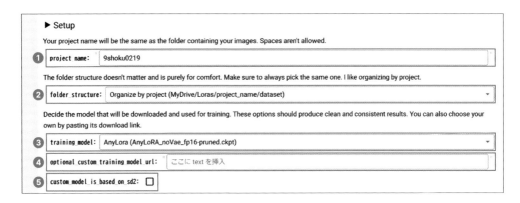

project_name ❶ 은 작성된 LoRA 파일의 이름을 뜻한다. 여기선 학습 데이터가 저장된 파일과 같은 이름을 지정한다. 미리 정규화한 이미지를 저장한 '/content/drive/MyDrive/Loras/임의의 프로젝트명/dataset'에서 '프로젝트명' 부분을 입력하자. 예컨대, '/content/drive/MyDrive/Loras/9shoku0219/output'에 이미지가 저장돼 있다면 9shoku0219가 프로젝트명이 된다.

folder_structure ❷ 는 이번 프로젝트의 폴더와 관련해서 계층 구조의 규칙을 지정하는 항목이다. 변경할 필요없이 Organize by project로 그대로 두면 된다.

training_model ❸ 에서는 학습에 사용할 모델 파일을 선택한다. 여기서는 일러스트 화풍을 학습시키므로, 일러스트 계열 모델인 AnyLoRA를 지정하자. 실사풍 이미지의 학습을 실행할 때는 드롭다운 메뉴에서 Stable Diffusion을 선택하면 된다.

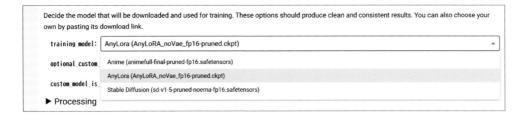

드롭다운 메뉴에 없는 모델을 이용하고 싶을 때는 optional_custom_traning_model_url ❹ 에 이용하고자 하는 모델 파일의 경로를 입력하면 된다. 인터넷에 공개된 모델이나 자신의 구글 드라이브에 업로드한 모델을 대상으로 한다. SD 2.0 시리즈 모델을 이용하고 싶을 때는 custom_model_is_based_on_sd2 ❺ 옵션에 체크하고 On 상태로 만들자. 이 메모장으로는 SDXL의 LoRA 파일 작성이 불가하므로, SDXL 시리즈에 대응하는 LoRA 파일을 만들고 싶다면 167쪽의 방식을 참고한다.

▌Processing 항목

여기서는 학습 전 이미지의 정규화 및 주석을 설정한다.

resolution ❶에서는 학습할 이미지의 해상도를 지정한다. 학습시킬 이미지의 데이터 세트가 고해상도 (512~1024픽셀)로 정규화돼 있다면, 이 값에 맞추면 된다. 이때 해상도가 높을수록 훈련 시간이 길어지지만, 결과물의 세부적인 부분이 더 나아진다.

여기서는 학습 모델에 SD 1.5 계열을 이용하고 있으므로, 512픽셀로 설정했다. 이 스크립트는 훈련하는 동안 최적의 결과가 나오도록 자동으로 확대 축소를 진행하므로 자신이 직접 잘라내기나 리사이즈를 할 필요가 없다.

flip_aug ❷는 이미지의 좌우 반전을 On 상태로 하는 옵션이다. 학습용 이미지가 20장 이하이고 정규화할 때 좌우 반전을 하지 않았다면, 이를 On으로 하자. 샘플 데이터 세트와 같이 사전에 정규화를 진행했다면 Off 상태로 둔다.

다음으로 주석과 관련한 설정을 확인한다. 이미지에 대응하는 태그를 텍스트로 추가하는 것이 주석이다. 예컨대 흑백으로 된 소녀의 이미지라면 monochrome, 1girl 등의 태그를 붙인다. 학습할 때는 이러한 태그가 이미지의 특징과 연관되기 때문에 꼭 필요하다. 태그는 이미지를 확인하면서 한 장 한 장 수동으로 붙일 수도 있으나, 양이 많으면 사전 훈련된 AI 모델을 이용해 자동으로 태그를 붙이거나 AI를 이용한 후에 사람이 확인하고 수정하는 방식이 일반적이다.

shuffle_tags ❸는 학습할 때 주석에 따라 태그를 단 결과의 순서를 바꾸는 설정이다. On으로 하면 더욱 효율적인 학습이 가능하다.

activation_tags ❹는 앞서 설명한 shuffle_tags와 연관된 것으로, 앞에서 몇 번째까지 태그 순서를 바꾸지 않을지 지정할 수 있다. 이것으로 고정한 태그는 LoRA 사용 시에 입력해 LoRA의 강도를 높여준다.

이 책에서는 수행하지 않았지만, 주석을 달 때 AI가 붙인 태그 내용을 확인해 이를 정리하거나 가장 첫 태그를 바꾸는 것도 가능하다. 인터넷에서 다운로드해 이용할 수 있는 LoRA 파일 중에는 특정 단어를 프롬프트에 입력해 지시를 내릴 수 있다. 이것이 가능한 이유는 바로 LoRA 파일 작성 시에 주석을 달면서 선두 혹은 선두에 가까운 태그를 고정해서 LoRA의 강도를 높이는 방법을 썼기 때문이다.

Steps 항목

여기서는 학습할 때의 반복 설정을 변경한다.

num_repeats ❶ 에서는 학습의 반복 횟수를 지정한다. 데이터 세트의 이미지 수 X num_repeats의 결과가 200~400 범위 안에 들도록 설정하는 것이 좋다.

preferred_unit ❷ 에서는 반복 횟수를 지정할 때 이용할 단위를 선택한다. 이 책에서는 반복 횟수의 상위 계층에 해당하는 Epochs를 선택한 경우를 전제로 해설한다.

how_many ❸ 는 학습의 반복 기간을 지정하는 항목이다. 이번 경우에는 Epochs를 선택하고 있으므로, 몇 세대 학습을 반복할지 지정한다.

save_every_n_epochs ❹ 는 지정한 Epochs 수마다 개별 LoRA 파일로 저장하는 데 이용하는 설정이다. 예컨 대 1을 선택하면, 매 Epochs에 LoRA 파일을 저장한다. 그리고 keep_only_last_n_epochs ❺ 는 학습 마지막 Epochs로부터 거꾸로 거슬러 올라 지정한 Epochs까지 LoRA 파일을 저장하는 설정이다.

train_batch_size ❻ 에서는 데이터 세트 중에서 한 번에 학습할 이미지 수(batch_size)를 지정한다. 이 설정의 경우, 데이터 세트의 이미지를 여러 장씩 처리하기 때문에 나머지가 생기지 않도록 데이터 세트 총 이미지 수의 약 수가 되도록 설정하는 것이 좋다. 예를 들어 준비한 이미지가 30장이라면 1, 2, 3, 5, 6 중에서 설정하는 것이다. 15와 30 또한 약수이긴 하지만, 동시 학습에 쓸 이미지 수가 많아지면 필요한 VRAM 용량 또한 커지므로 빠르게 처리되지 않을 수도 있다.

batch_size의 중요한 포인트는 동시에 학습하는 이미지 수가 많을수록 이미지의 세부 특징이 반영되기 어려우 며, 적을수록 세부적인 부분까지 학습이 잘된다는 것이다. 따라서 화풍을 학습시킬 때는 4~8장, 캐릭터를 학습시 킬 때는 2~6장으로 설정할 것을 권한다. 학습을 시작했는데 메모리 부족이라는 에러가 뜬다면, batch_size의 설 정이 너무 큰 것이 원인일 수 있다. 그 경우 설정값을 줄여보자. 또한, 1 Epochs당 단계 수(배치 수)는 아래와 같다.

Epochs당 단계 수(배치 수) = 학습할 이미지 데이터 세트의 총수 × 학습 반복 횟수 ÷ 배치 사이즈

이번 샘플의 경우, 30장짜리 데이터 세트에 배치 사이즈를 2로 하고 10번 반복 학습을 실행한다. 따라서 Epochs 당 단계 수(배치 수)는 150이다. 그리고 이를 10 Epochs까지 이어서 하므로 총 단계 수는 1,500이 된다. 일반적으로 10 Epochs 또는 총 단계 수가 2,000 정도에서부터 시작하는 것이 좋다고 한다.

Learning 항목

여기서는 학습 시의 각 유닛당 학습률과 학습에 이용할 노이즈 및 제거 방법과 관련한 설정을 한다.

unet_lr ① 은 Unet에 대한 학습률을 설정한다. 학습률은 매우 중요한 요소이므로 나중에 칼럼(168쪽)에서 다시 해설한다. 학습률이 너무 높거나 너무 낮아도 LoRA 학습은 실패하기 때문에 적절한 값을 설정해야 한다. 이때 필요한 것이 조금 전에도 나왔던 '몇 번 학습을 진행할지'를 설정하는 총 단계 수다. 지금까지 '학습할 데이터 세트의 이미지 수', '배치 사이즈', '학습 반복 횟수', 'Epochs 수' 등을 설정했는데, 이들을 가지고 총 단계 수를 아래와 같이 나타낼 수 있다.

총 단계 수 = Epochs 수 × 학습 반복 횟수 × 학습할 데이터 세트의 이미지 수 ÷ 배치 사이즈

총 단계 수를 활용해 대략적인 unet_lr을 계산할 수 있다.

unet_lr = 목표로 설정한 학습 완성도 ÷ 총 단계 수 × 학습률 관련 계수

학습률 관련 계수는 이용 중인 스케줄러의 종류에 따라 달라지나, 여기서는 이해하기 쉽도록 1을 일정한 constant 로 설정한다.

그러면 **unet_lr = 목표로 설정한 학습 완성도 ÷ 총 단계 수**로 나타낼 수 있다.

이때, 목표로 설정한 학습 완성도를 100%(즉, 1)로, 총 단계 수를 2,000으로 대입하면, unet_lr=0.0005가 대략적인 값이 된다. 실제로는 이용 중인 스케줄러에 따라 학습률에 대한 보정이 발생하므로, 어디까지나 추정치로 생각하자.

text_encoder_lr ❷은 텍스트 인코더와 관련한 학습률을 설정하는 항목이다. 이 값은 unet_lr의 1/5 정도가 적절하다고 여겨지며, 화풍을 학습한다면 그보다 낮거나 0으로 설정하는 방법도 있다.

lr_scheduler ❸는 학습에 이용할 스케줄러의 종류, lr_scheduler_number ❹는 스케줄러의 재시작 횟수를 설정한다. 원작 프로그램에서는 cosine_with_restarts로 재시작 횟수를 3으로 설정하도록 권장한다. 잘 모를 때는 그렇게 설정하거나 항상 일정한 constant를 선택하자. 또한 이와 관련해서 lr_warmup_ratio ❺는 warmup 방식의 스케줄러를 지정했을 때 총 단계 수의 몇 퍼센트까지 warmup으로 할지 설정하는 옵션이다.

min_snr_gamma ❻는 LoRA 파일 학습 시에 이용할 노이즈 강도의 분산 정도를 보정하는 옵션이다. On으로 그대로 두어도 상관없다. 자세한 내용을 알고 싶다면 메모장의 링크에서 확인할 수 있다.

▌ Structure 항목
여기서는 LoRA의 네트워크 수와 발전형인 Locon 형식의 선택 옵션 전환 등을 설정할 수 있는데, 이들 내용은 이 책에서 다루지 않으므로 메모장에 기재된 권장 설정 그대로 이용한다.

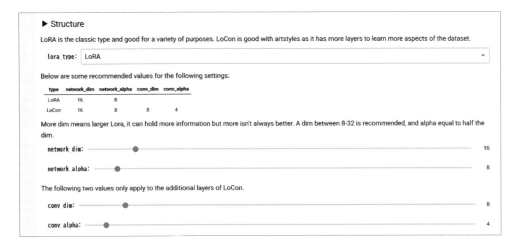

이처럼 설정할 내용이 많은 이유는 이미지의 데이터 세트 및 LoRA를 작성하는 목적에 따라 다양한 파라미터 조정이 필요하기 때문이다. 어떤 효과를 보여주는 LoRA를 만들지에 대한 최초의 평가 기준을 명확히 해야만 학습이 잘됐는지를 제대로 평가할 수 있으며, 이후에 시행착오도 줄일 수 있다. 따라서 사전에 학습 목적 및 평가 기준을 신중히 고려하고 나서 LoRA 작성을 진행하자.

⟩⟩⟩ 학습 실행 및 LoRA 파일 입수

그럼, 셀의 최상단 메뉴로 돌아가서 실제로 코드 셀 Start Here의 셀 실행 ❶ 을 클릭해 학습을 시작해 보자. 필요한 데이터의 다운로드 및 총 단계 수가 계산되며, 학습이 시작된다.

Colab 메모장에서 표시된 출력 내용을 보고, epoch 10/10이 나오면 학습은 완료된 것이다. 마지막 줄에 "완료! 구글 드라이브에서 LoRA를 다운로드합니다. 파일이 몇 개 있는데, 최신 버전을 테스트해 보세요."라고 영어 메시지가 나온다.

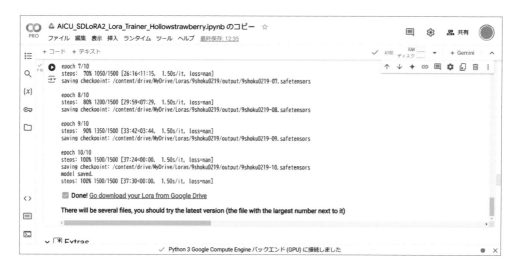

이와 같이 학습이 끝나면, 구글 드라이브에 새로
MyDrive/Loras/9shoku0219/output 폴더가 생
성되며, 그 안에 프로젝트명+[01~10]이라는 이름
이 붙은 safetensors 파일이 저장된다. 여기서 숫
자는 Epochs 수를 의미하며, 가장 끝부분에 있는
9shoku0219-10.safetensors에 마우스 커서를
가져가면 표시되는 메뉴를 열어 다운로드하고,
WebUI에서 이용해 보자.

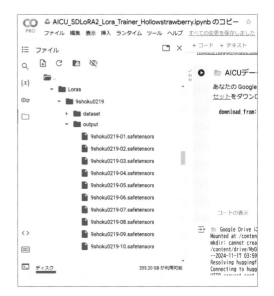

LoRA 파일은 구글 드라이브에서도 다운로드할 수 있다.

Colab 환경을 이용 중이라면, 다운로드를 따로 할 필요 없이 구글 드라이브에서 바로 이동하면 된다. 이동할 경로
는 sd/stable-diffusion-webui/models/Lora다.

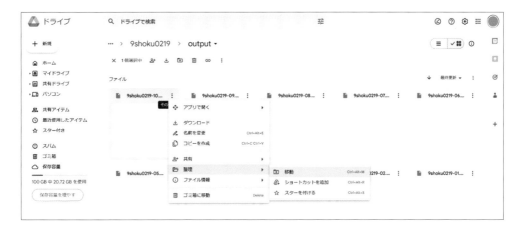

⟫⟫⟫ LoRA 파일의 작동을 확인한다

이어서, 조금 전 작성한 safetensors 파일이 이용 가능한지 알아보자. 이번에는 학습할 때도 활용한 아래 저장소에 있는 모델을 이용해 진행한다.

Lykon/AnyLoRa
http://huggingface.co/Lykon/AnyLoRa

Files and versions 탭으로 이동해, AnyLoRA_noVae_fp16-pruned.safetensors **①** 를 다운로드하거나 경로를 복사하면 된다.

또한 디폴트 모델이 AnyLoRA로 돼 있는 Colab 메모장을 아래 경로에서 이용할 수도 있다.

AICU_A1111_TheLastBen_on_Colab_AnyLoRA
https://j.aicu.ai/AnyLoRA

이 모델과 LoRA 파일을 이용했더니 데이터 세트에 보이는 화풍과 비슷한 특징을 지닌 이미지가 생성됐다면 학습에 성공했다고 볼 수 있다. 이제는 설정을 바꿔보거나 자신만의 데이터 세트를 가지고 LoRA 작성에 도전해 보자. 다음 섹션 6-4에서는 다양한 LoRA의 사례를 소개하고, 섹션 6-5에서는 LoRA 파일로 생성한 이미지를 살펴보면서 평가를 이어가겠다.

Prompt

1girl <lora:9shoku0219:1>

Negative Prompt

worst_quality

≫ 자신만의 데이터 세트로 LoRA를 만들어보자

샘플 데이터 세트 이외의 이미지를 학습시키고 싶다면 'AICU 데이터 세트 준비' 코드 셀을 실행하지 말고, 사전에 학습용 이미지를 정규화해서 폴더에 넣고 구글 드라이브에 업로드해 두자. 해당 폴더에는 /content/drive/MyDrive/Loras/임의의 프로젝트명/dataset라는 이름을 붙인다. 이때 '임의의 프로젝트명'은 띄어쓰기 없이 영문 및 숫자를 이용해 설정해야 한다.

그리고 이미 설명한 대로 AICU_SDLoRA2_Lora_Trainer_Hollowstrawberry는 SD 1.5 또는 SD 2.0 시리즈에 대응하는 LoRA를 작성하도록 설계돼 있으므로, SDXL에 대응하는 LoRA를 만들고 싶다면 아래 URL에 있는 Lora_Trainer_XL을 이용하자.

🌐 **Lora_Trainer_XL**
https://colab.research.google.com/github/hollowstrawberry/kohya-colab/blob/main/Lora_Trainer_XL.ipynb

여기서는 '학습률'이라는 머신러닝의 전문용어를 해설한다. 학습률(Learning rate, LR)이란 머신러닝 및 통계학에서 말하는 최적화 알고리즘의 튜닝 파라미터 중 하나다. '정답'과 모델에서 출력된 '예측값' 사이의 차이인 손실 함수를 최소로 만들도록 이동하면서 반복 과정에서의 단계 크기를 결정한다. 값을 크게 설정하면 학습이 조잡해지며 설정한 목표에 도달하지 못할 가능성이 있다. 이미지 인식과 같이 '정답이 반드시 존재하는' 과업과 달리, 이미지 생성 AI 모델의 목표는 다소 애매하므로 학습에 요구되는 내용 및 품질, 비용과의 균형점을 고려하면서 적절한 값을 설정해야 한다.

이 책에서 체험한 LoRA 작성에서는 초깃값이 unet_lr : 5e-4, text_encoder_lr : 1e-4로 설정돼 있다. 5e-4는 5.0× 10의 −4승으로 즉, 0.0005이며, 마찬가지로 1e-4는 0.0001을 가리킨다. 이는 2,000장 또는 10,000장 중에 주어진 샘플을 확률적으로 섞는다는 뜻이다. 학교 교실을 예로 들면, 반에 있는 학생들에게 선생님과 완전히 같은 모습의 이미지를 수천 번 배우라는 명령을 내린 것이다. 이러한 상태를 '과학습'이라고 하며, 다양한 이미지를 배우지 못하므로 결과적으로 학습 효율이 떨어진다.

일반적인 이미지들 속에 교사 이미지를 어느 정도 섞어서 효율적으로 학습시키는 기술이 있는데 이를 '일반화 성능'이라고 한다. 이를 이용해 더욱 유연하고 다양한 이미지를 생성할 수 있다. 학습률 조절이라는 관점에서 보면, 우선 '주어진 이미지를 전혀 학습하지 않은' 상태일 때, 학습률을 1.0에 가깝도록 한다. 반대로 '원래 이미지와 똑 닮은 이미지만 생성'된다고 한다면, 일단 unet_lr을 1e-2, 1e-3, 1e-4, 1e-5 같은 식으로 점점 작은 숫자로 변경해서 일반화 성능을 높일 수 있다. 이를 활용하면 복사기 같은 LoRA에서 다양한 이미지를 생성하는 LoRA로 바꿀 수 있다.

큰 값으로 설정하면 훈련을 마치는 시간이 몇 분에서 몇 시간, 며칠까지 소요된다. 구글 Colab을 이용한다면, Pro 이상의 라이선스로 처리 능력이 높은 GPU를 이용하는 연산 유닛을 써야 한다. 초보가 이처럼 높은 난도의 머신러닝 프로젝트를 설정하는 것은 부적절하므로, 이 책의 샘플은 소규모로도 결과가 나올 수 있도록 조정했다.

머신러닝과 조정에는 정답이 존재하지 않는다. 원칙적으로는 Colab의 문자 입력창에 있는 정보를 이용해 학습 계획을 세우고 관리하는 방식을 써서, 운이나 감각에만 의존하지 말고 가설 검증형으로 테스트해 볼 것을 권한다. 그러면 적은 테스트 횟수로도 충분히 목표로 한 LoRA를 만들어낼 수 있을 것이다.

다양한 종류의 LoRA를 만들어보자

이 섹션에서는 화풍 이외의 LoRA를 생성할 때 주의해야 할 점을 설명한다. LoRA 학습을 할 때 순서는 섹션 6-3과 같다.

⟫⟫ 인물 특징 이외의 요소를 분산한다

LoRA 중에는 그림체를 학습하거나 캐릭터 같은 특정 피사체를 학습한 것이 있는데, 이번에는 캐릭터를 생성하는 LoRA를 제작하는 데 필요한 데이터 세트를 만들 때 중요한 포인트를 공부하도록 하자. 여기서 사용할 캐릭터로 AICU사의 챗봇인 '전력 긍정 남자 친구' LuC4를 이용하겠다.

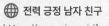
전력 긍정 남자 친구
https://corp.aicu.ai/luc4

Stable Diffusion은 이미지의 특징과 프롬프트를 세트로 학습하기 때문에, 처음에는 단어와 이미지의 관계성을 이해하지 못한다. LoRA를 학습시킬 때도 마찬가지로, 캐릭터 LuC4의 이미지를 학습시켰을 때, LuC4가 어떤 정보의 집합체인지, 인물인지 배경인지도 모르는 상태에서 학습을 시작하며 이로부터 공통된 특징을 추출해 LuC4와 관련한 정보를 얻으려 한다. 그러므로 만약 미리 준비한 학습용 이미지의 배경이 전부 해변이었다면, 해변도 LuC4의 특징 중 하나로 학습하며, '해변에 있는 LuC4'만 생성하는 LoRA가 만들어진다.

이와 같은 상황을 회피하려면 데이터 세트는 가능한 한 각각 다른 배경, 자세, 구도로 된 이미지를 가지고 구성해야 한다. 그 밖에도 해당 캐릭터가 다양한 복장을 하고 있다면 각각 다른 옷을 입고 있는 이미지를 준비해서 LoRA에서 추출하고자 하는 특징만 공통으로 갖춘 데이터 세트를 마련해 두자. 여기서는 Stable Diffusion에서 생성한 LuC4의 이미지를 14장 준비하고, 미니 캐릭터에도 대응할 수 있도록 머리와 몸이 작게 표현된 이미지도 준비했다.

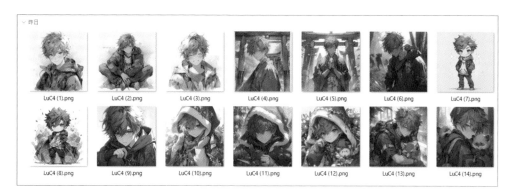

학습용 이미지 1장만 있어도 학습 자체는 가능하다. 하지만 이미지 수가 적으면 특징을 제대로 추출할 수 없으므로 의도한 학습 결과를 얻을 수 없다. 반대로 이미지 수가 너무 많으면 학습에 시간이 오래 걸리며, 정확도도 일정 수준 이상으로는 올라가지 않고 오히려 떨어지는 경우가 있다. 초보자에게 추천하는 학습용 이미지 수는 20~40 장이다. 익숙해지고 나면 장수를 바꿔가며 LoRA에 어떤 영향이 나타나는지 테스트해 보도록 하자.

≫≫ VRoid Studio의 스크린숏을 이용해 LoRA를 만들어보자

주식회사 pixiv가 운영 중인 VRoid Studio라는 3D 캐릭터 제작 도구를 활용해 스크린숏을 찍고, 이를 기반으로 캐릭터 LoRA를 제작해 보도록 하겠다.

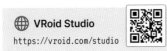

우선 공식 홈페이지에서 VRoid Studio를 설치하고, 자신의 취향에 맞춰 캐릭터를 제작해 보자. 캐릭터가 완성되면, 화면 상단 오른쪽에 있는 카메라 아이콘을 클릭해 촬영 메뉴를 열고, 자세와 각도와 구도를 바꾸면서 20장 정도 촬영하자.

여기서는 25장을 촬영하고 각각 좌우 반전시켜 복사해서, 총 50장을 데이터 세트로 준비했다. 생성까지 진행한 결과, VRoid의 입체감 및 옷의 3D 느낌, 개성적인 차이나 드레스와 머리 모양이 잘 재현됐다.

모델 : AnyLoRA
이미지 수 : 50
dataset_repeats : 10
num_epochs : 20
train_batch_size : 2
총 step 수 : 5000

≫ 어린이가 그린 것 같은 그림을 학습시킨다

지금까지 고품질 이미지와 일러스트를 생성하는 방법을 설명했는데, 반대로 어린이가 그린 것 같은 그림을 학습시키는 것 또한 가능하다. 종이에 그린 아날로그 이미지를 학습할 경우, 우선은 스캐너나 카메라 등으로 해당 이미지를 PC로 옮긴 후에 자르기 및 노이즈 제거, 색조 보정 같은 작업을 행한 파일을 사용한다. 여기서는 만화책의 페이지를 그대로 스캔하거나 일러스트만 잘라낸 이미지를 합해 총 32장을 학습시켰다.

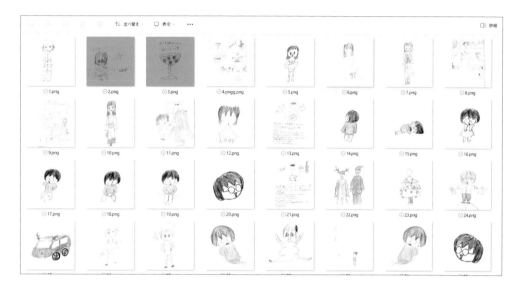

2D 일러스트를 학습하는 경우, 이번처럼 잘 정돈된 애니메이션풍 일러스트가 아니라면 SD 1.5 베이스 모델로 진행해도 재현도가 높게 나온다. 생성 결과, 색연필의 터치 및 비뚤어진 스케치 느낌이 잘 재현됐다.

모델 : Stable-Diffusion-v1-5
이미지 수 : 32
dataset_repeats : 10
num_epochs : 50
train_batch_size : 4
총 step 수 : 4000

학습 내용을 평가해 보자

여기서는 섹션 3에서 생성한 LoRA를 사용해 이미지를 생성한다. 생성된 이미지를
확인해 목적에 맞는 LoRA가 생성됐는지 평가한다.

⟫⟫ 학습한 LoRA로 이미지를 생성해 보자

생성한 LoRA를 이용해 이미지를 생성해 본다. 사용법은 외부에서 다운로드해 사용하는 일반적인 LoRA와 같다.
주의할 점은 섹션 3에서 생성한 9shoku0219 LoRA는 SD 1.5 시리즈를 기반으로 학습했기 때문에 SD 2.X나
SDXL 시리즈 모델에는 사용할 수 없다는 것이다.

우선 최종 Epochs까지 학습시킨 LoRA 파일을 LoRA : 1의 강도로 사용해 보자. 이 조건에서 재현하고자 하는 화
풍의 특징이 잘 나타난다. 만약 잘 안 된다면 강도를 0.1 단위로 바꾸면서 이미지를 생성하고, 자신이 적절하다고
생각하는 강도를 찾아본다. 비교할 때는 Seed 값을 고정하는 것이 좋다.

섹션 3에서는 AnyLoRA를 기반으로 LoRA를 생성했다. 이어서 SD 1.5 시리즈의 다른 모델에서 이 LoRA를 사
용해 이미지를 생성했을 때도 똑같이 잘 작동하는지 시험해 본다. 자신이 사용하고 싶은 모델과 잘 맞지 않는다면,
학습에 사용할 모델을 AnyLoRA에서 자신이 원하는 모델로 변경한다. 또한, 프롬프트도 1girl과 같은 단순한 것
뿐만 아니라, 75토큰으로 가득 찬 복잡한 조건도 시도해 보자.

Prompt

1girl, detailed, beautiful, intricate design,
delicate, flowing hair, soft lighting,
pastel colors, ornate dress, lace, floral
patterns, long hair, glowing, ethereal,
serene expression, detailed eyes, highly
detailed background, flowers, soft
shading, elegant, fantasy setting, fairy
tale atmosphere, sparkles, graceful,
warm tones <lora:9shoku0219:1>

Negative Prompt

bad hands, bad anatomy, ugly,
deformed, (face asymmetry, eyes
asymmetry, deformedeyes, deformed
mouth, open mouth)

⟫⟩ 학습 이미지의 해상도를 높여 LoRA 생성하기

다음에는 해상도를 1024픽셀로 변경해 학습을 진행하고, 결과를 비교해 본다. 학습하는 이미지의 해상도가 높아질수록 생성하는 이미지 크기는 같지만, 더 예쁘고 정교한 이미지를 생성할 수 있다. 학습하는 이미지의 해상도가 높아질수록 학습에 필요한 비용(메모리 요구량, 시간 등)이 증가한다는 점에 유의해야 한다.

Prompt

1girl, detailed, beautiful, intricate design, delicate, flowing hair, soft lighting, pastel colors, ornate dress, lace, floral patterns, long hair, glowing, ethereal, serene expression, detailed eyes , highly detailed background, flowers, soft shading, elegant, fantasy setting, fairy tale atmosphere, sparkles, graceful, warm tones <lora:9shoku:1>

Negative Prompt

bad hands, bad anatomy, ugly, deformed, (face asymmetry, eyes asymmetry , deformedeyes, deformed mouth, open mouth)

이렇게 학습 조건을 변경하면 LoRA 파일이 생성된 이미지에 미치는 영향은 크게 달라진다. 학습 조건의 요소로는 기본 모델, 학습 데이터 세트의 개수, 해상도, 반복 횟수, 태깅, 학습 속도, Epochs(세대) 수, 총 단계 수, 알고리즘 등 여러 조건이 있다. 섹션 3에서 설명한 바와 같이 각각의 조건이 학습에 어떤 역할을 주는지 이해하는 것이 중요하다.

LoRA를 만들 때 중요한 것은 '다양한 이미지'다. 섹션 4에서도 언급했지만, 학습 데이터 세트의 이미지에 공통적으로 나타나는 특징이 LoRA가 학습할 내용이 된다는 점을 명심해야 한다. 예를 들어 '검은색 단발머리 소녀'로만 구성된 데이터 세트에서는 '검은색 단발머리 소녀'가 특징으로 추출되며, '얼굴이 오른쪽을 향하고 있는' 이미지로 구성된 데이터 세트에서는 '얼굴이 오른쪽을 향하고 있는' 특징이 추출된다. 이는 본래 LoRA에 학습시키고 싶지 않은 특징이므로, 필요 없는 공통점만 있는 데이터 세트가 되지 않도록 주의한다.

또한, 학습 Step 수를 조절하는 단계에서는 Epochs 수를 늘리고 조금씩 주기를 늘려서 LoRA 파일을 저장하는 것이 좋다. Epochs 수를 늘리는 대신 반복 횟수를 줄이는 것이 좋다. 이처럼 작업하면, 대략 어느 정도의 학습률로 몇 단계까지 학습하면 좋을지 얼마나 많은 단계의 학습이 필요한지 등을 파악할 수 있다.

자신이 제작한 LoRA를 이용해 이미지를 몇 장 생성해 보자. 생성된 이미지를 보니 섹션 6-3의 첫 부분에서 정한 평가 기준인 ❶브러시 스트로크를 강조할 것, ❷전체적으로 명도 및 대비를 낮게 할 것, ❸홍채 대비를 낮게, 입은 작게, 코에 그림자나 하이라이트를 넣을 것 등이 전부 제대로 재현돼 있다는 점을 알 수 있다. 어느 정도의 완성도를 목표로 할지는 LoRA의 사용 목적에 따라 달라진다. 학습 이미지를 철저하게 준비하고 설정값을 최적화해 자신에게 가장 잘 맞는 LoRA를 만들자. 단, 자신의 의도대로 AI 학습을 진행하는 건 전문가들도 어려워하는 부분으로 매일 시행착오를 거듭할 수밖에 없다. 만약 한 번 실패했더라도 끈기 있게 계속 도전하자.

이 책에서 지금까지 해설한 LoRA 및 ControlNet, img2img의 활용 방법은 txt2img만 이용한 이미지 생성에 비해 훨씬 표현의 폭을 넓히고, 자신의 의도에 맞게 이미지를 생성할 수 있도록 해주는 수단이다. 더욱 능숙하게 학습시킬 수 있다면, 이미지 생성 AI를 '그저 이용하는 사람'이 아니라 숙달된 조교가 될 수 있다. 자신의 화풍과 현재의 그림 실력, 특정 캐릭터와 복장, 표정 및 자세를 .safetensors 파일로 만들면 혼자만의 힘으로는 할 수 없는 표현을 할 수 있고, 작업 속도와 공정도 개선할 수 있다.

LoRA 이외에도, 모델 자체를 생성하거나 융합(merge), 증류하는 기술도 존재한다. 앞으로는 Hugging Face와 Civitai에서 모델을 배포하는 사람들뿐만 아니라, 상용 스튜디오가 전문가용 모델이나 미세 조정을 보유하거나 관리하는 사례 또한 많아질 것으로 예상된다.

Chapter

7

이미지 생성 AI를 더 활용해 보자

Stable Diffusion을 비롯한 이미지 생성 AI를 더욱 깊게 활용하는 데 유용한 힌트 및 테크닉을 알아보자. 또 이미지 생성 AI를 이용할 때의 주의점을 공부해서, 이 기술을 새로운 도구 중 하나로 활용한다.

01 피나스

https://X.com/finasu

profile

이용 디바이스	노트북
제작 환경	Windows 11 Home/NVIDIA GeForce RTX 3050 Ti Laptop GPU (VRAM 4GB)
사용 소프트웨어	CLIP STUDIO(32비트) Version 2.0.6 / PhotoScape X Pro 4.2.1
평소 이용하는 이미지 생성 AI	Stable Diffusion / DALL-E 3

Stable Diffusion에서 활용 중인 확장 기능

▶ a1111-sd-webui-tagcomplete

http://github.com/DominikDoom/a1111-sd-webui-tagcomplte

▶ sd-dynamic-prompts

http://github.com/adieyal/sd-dynamic-prompts

▶ sd-webui-controlnet

http://github.com/Mikubill/sd-webui-controlnet

💬 **평소 작풍은?**

은발의 늑대 소녀 캐릭터를 메인으로, 서 있는 자세의 일러스트를 주로 만든다. 2D 일러스트풍에 부드러운 분위기의 그림을 좋아한다. 수정 보완 및 색 조절은 직접 하는 편이며, 가능한 한 자신의 의도를 일러스트로 표현하는 것을 즐긴다.

💬 **제작할 때의 요령이나 신경 쓰는 것이 있다면?**

AI의 무작위적인 생성 결과로부터 아이디어를 얻을 때가 많아서, 프롬프트에 애매한 표현을 일부러 넣는다. 또, 대강대강 색을 칠하고 나서 img2img로 보정하는 형태의 수정 방식을 좋아한다. ControlNet으로 수정 내용을 구체적으로 지시하는 것보다 AI의 표현 능력을 빌려오는 방법이라고 할 수 있다.

💬 **이미지 생성 AI를 쓰면서 좋아진 점이나 향후 기대하는 것이 있다면?**

나는 그림 그리기에 능숙하지 않지만, AI 덕분에 일러스트 제작을 하고 있다. 아이디어만 있다면 재미있는 작품을 만들 수 있어서, 캐릭터 상품처럼 형체가 있는 것을 만드는 일에도 도전을 해보고 싶다. AI만 사용할 경우, 직접 그린 작품의 정밀한 표현에는 아직 미치지 못한다고 생각한다. 하지만 다채로운 화풍으로 그릴 수 있으며 AI 나름의 강점 또한 있으므로, 새로운 표현 방법을 개척하거나 활용하는 일이 더욱 활발해질 것이라고 기대한다.

▲ checkpoint merged by Meina

나는 화면 구성을 포함해 그림 그리는 기술이 없어서, AI의 힘을 빌려 생성 이미지로부터 아이디어를 얻고, 이를 수정하고 완성하는 방식으로 일러스트를 제작한다. txt2img만으로 완성하는 것은 아니며, img2img, Inpaint도 함께 진행해 세부 모양이나 형상 등을 자신의 취향에 맞춰가며 제작하는 것을 선호한다.

제작 워크 플로

STEP 1 txt2img로 소재를 생성한다

생성된 이미지를 소재로 해서, 밑그림이 되는 일러스트를 만든다. 다소 애매해도 괜찮은 부분은 너무 구체적이지 않게 프롬프트를 구축하고, 다양한 생성 결과로부터 아이디어를 수집하는 것을 좋아한다.

STEP 2 수정해서 밑그림 일러스트를 그리기

txt2img로 생성한 이미지를 바탕으로 밑그림 일러스트를 그린다. 수정하고 추가할 부분은 대략적인 형태와 색을 넣어주면 AI가 잘 보정해 준다. 색이 떡칠되지 않도록 반투명 색을 겹쳐서 칠하면 잘 나온다.

STEP 3 캐릭터 일러스트의 마무리

밑그림 일러스트에 img2img와 Inpaint를 써서 캐릭터 일러스트를 완성한다. 의상 모양 및 표정 등 세부적인 부분이 제대로 나왔는지 확인하면서 마무리한다.

STEP 4 배경 일러스트 생성

캐릭터의 분위기에 맞도록 배경을 만든다. 캐릭터와 따로 생성하면 번거롭긴 하지만, 캐릭터 분위기에 맞춰서 배경을 만들 수 있으므로 일러스트 전체의 분위기를 관리하기 편하다.

STEP 5 캐릭터와 배경의 합성

캐릭터와 배경 일러스트를 CLIP STUDIO로 합성한다. 캐릭터와 배경의 균형이 잘 잡히도록 명암을 조절해 가면서 배치한다.

STEP 6 색과 명암 조절

일러스트 전체의 색과 명암을 조절한다. 전체적으로 밝게 하면서 채도는 높여서, 첫인상을 강렬하게 하는 것을 선호한다.

STEP 1

txt2img로 소재를 생성한다
(소요 시간 작업 40분, 생성 300분)

txt2img로 이미지를 여러 장 생성한다. 이들은 아이디어를 얻거나 부분 요소의 합성 및 수정을 통해 밑그림 일러스트를 만드는 데 이용한다. 프롬프트를 미세 조정하면서 10~20장, 조정 후에 200장 정도 생성한다. 프롬프트를 구축할 때는 자세 같은 전체적인 형상을 중시하면서 세부 모양과 색 등이 너무 구체적이지 않게 해서 생성 결과가 다양하게 나오도록 한다. 그러면 생각지도 못한 아이디어가 떠오르기도 한다. 후반 공정에서 img2img나 Inpaint로 마무리 작업을 하므로, 지금 단계에서는 다소 뭉개짐이 있거나 색이 다르더라도 크게 개의치 않는 편이다. 또, 캐릭터의 자세와 표정 등 분위기에 맞게 배경을 잡고 싶어서, 배경을 따로 생성해 CLIP STUDIO로 캐릭터와 배경 일러스트를 합성하는 형태로 제작을 진행한다. 이번에는 일본적인 분위기를 강조하면서, 서 있는 자세의 일러스트를 생성해 보았다. 기모노와 유사한 상의에 반바지를 조합한 창의적인 의상이다. 학습 모델로 장신 캐릭터를 생성하기 쉬운 모델을 선택하며, 후반 공정에서 색칠을 바꿀 때 다른 모델로 교체하는 경우도 있다. 최종 후보로 선정한 것은 다음 3장이며, 그중에서 그림 1-1을 골랐다.(180쪽 그림)

프롬프트를 바라보는 관점

프롬프트는 품질 > 화풍 > 캐릭터 특징 > 자세 > 표정 > 의상 > 배경 순으로 구축하며, 단어들에 통일성을 주고 시인성을 높이면서 중복해서 입력하는 실수가 나지 않도록 신경 쓰고 있다. 항상 같은 구조로 작업하면, 요소별로 강약을 조절하는 감각을 익히기 쉽다고 생각한다. 또한, 프롬프트는 길어도 150토큰 이내로 하고 있다. 짧고 명확하게 기재해야 지시가 더욱 정확하게 전달되기 때문이다. 그래서 자연어 입력보다는 태그로 단순하게 프롬프트를 구축하는 것을 선호한다. 태그를 입력할 때는 확장 기능인 a1111-sd-webui-tagcomplete를 자주 쓴다. 프롬프트를 정하거나 찾을 때는 Civitai와 chichi-pui 등 게시판 사이트에서 매일 올라오는 프롬프트 정보를 메모해 두거나 ChatGPT나 Gemini로 질문도 한다. 구글 검색 결과의 영상 표시를 활용해 명칭을 알아내거나 확장 기능인 tagcomplete의 추천 기능으로 태그가 존재하는지 확인해 이용하는 경우도 있다.

▲ 일단 그림을 많이 생성하고, 그중에서 밑그림으로 쓸 일러스트를 고른다.

STEP 1의 생성 parameters

(best quality, masterpiece:1.1), (highres:1.1), (highly detailed:1.1), <lora:flat2:-0.3>, (illustration:1.3), (anime:1.1), (traditional media:0.4), (octane render:0.6), 1girl, (solo:1.1), (adult:1.2), (wolf girl:0.9), wolf ears, sexy, (cool:0.9), bullish, (eight heads tall, tall female:1.1), (legs, thick thighs:0.4), [(skinny:0.9), (narrow waist:0.6):(medium breasts:0.8), (shiny skin:0.8):0.3], (short hair:1.2), (silver hair:0.9), (short twintails:1.2), blunt bangs, sidelocks, wavy hair, yellow eyes, tsurime, <lora:shihaku-eye:0.6>, (sanpaku:1.1), eyelashes, (full body:1.1), (contrapposto:1.3), outstretched arms, (looking at viewer:0.8), smug, (open mouth:0.9), (yellow shirt:1.1), japanese clothes, high-waist shorts, black shorts, (high heels:1.1), gloves, (japanese background:1.2), (pastel ivory background:1.1)
Negative prompt: (worst quality:1.4), (low quality:1.4), (normal quality:1.1), (lowres:1.3), (jpeg artifacts, sketch, blurry, 3d:1.2), (greyscale, monochrome:1.1), (loli, child, teenage, petite, short stature:1.1), (cute, kawaii:0.8), (nsfw:0.9), (wolf tail:1.4), wolf, covered nipples, covered navel, cleavage, monster
Steps: 33, Sampler: DPM++ 2M Karras, CFG scale: 8, Seed: 323196327, Size: 512×912, Model hash: 54ef3e3610, Model: meinamix_meinaV11, Denoising strength: 0.6, Clip skip: 2, Hires upscale: 1.7, Hires upscaler: Latent (nearest-exact), Lora hashes: "flat2: 80f764dfb478, shihaku-eye: 1fa1f0865224", Version: v1.5.2

STEP 2

수정해서 밑그림 일러스트를 그리기
(소요 시간 작업 30분)

STEP 1에서 생성한 그림을 수정해 밑그림 일러스트를 만든다. 이번에는 배경을 별도로 준비해 합성할 예정이므로, 캐릭터를 오려내기 쉽도록 단색 배경으로 수정 작업을 진행한다. 배경 제거 도구를 이용하는 경우도 있지만, 여기서는 CLIP STUDIO로 불필요한 부분을 하얗게 칠했다. 후반 공정에서 img2img를 사용하므로, 세부적으로 색칠이 안 된 부분이나 삐뚤빼뚤한 부분이 있어도 상관없다. 이어서 STEP 1에서 나온 아이디어를 추가하고 세부 수정을 진행한다. 완성된 밑그림 일러스트가 그림 2-2다. 화사하게

보이도록 기모노에 꽃무늬 소재로 모양을 추가했는데, 색을 대강 칠해도 AI가 보정해서 나머지를 그려준다. 그리고 반바지 색을 변경할 때는 검은색으로 전부 칠하는 게 아니라, 반투명으로 만들어 의상의 주름 표현을 남기는 것이 요령이다. 하반신 쪽에 꼬리가 나오도록 했는데, 이 또한 회색으로 전부 칠하지 않고 그림자가 생기도록 짙은 색을 노이즈처럼 난잡하게 칠해서 AI가 털의 느낌을 살릴 수 있도록 유도했다. 한쪽 다리에만 망사 스타킹을 신기는 등 자신만의 소소한 개성을 표현할 수 있는 것이 이 공정의 재미있는 부분이라 생각한다.

2-1

2-2

▲ 배경을 흰색으로 칠하고, 직접 수정을 해 AI에 지시를 내린다.

2-2-1

2-2-2

2-2-3

2-2-1 수정 부분 상세 ❶ 늑대의 귀를 은색으로 수정 ❷ 빨간색 머리 장식을 추가 **2-2-2** ❸ CLIP STUDIO의 소재를 연산 레이어로 겹쳐서 기모노에 꽃무늬를 추가 ❹ 기모노의 허리띠를 보라색, 끈을 빨간색으로 변경 **2-2-3** ❺ 반바지 색을 검은색으로 변경 ❻ 꼬리를 추가 ❼ 왼쪽 다리에 망사 스타킹을 추가 ❽ 신발 형태를 수정

STEP 3

캐릭터 일러스트의 마무리 (소요 시간 작업 40분)

밑그림 일러스트에 img2img와 Inpaint를 사용해 캐릭터 일러스트를 완성한다. 이전 단계에서 기모노에 꽃무늬를 추가하는 등 변경이 있었으므로, 일단 프롬프트를 미세 조정해야 한다. 여기서는 꽃무늬라는 뜻의 floral print와 신발의 구체적인 명칭인 okobo를 추가했다. 필요에 따라 태그의 강약 조절 및 삭제도 이때 진행한다.

STEP 3의 생성 parameters

(best quality, masterpiece:1.1), (highres:1.1), (highly detailed:1.1), <lora:flat2:-0.3>, (illustration:1.3), (anime:1.1), (traditional media:0.4), (octane render:0.6), 1girl, (solo:1.1), (adult:1.2), (wolf girl:0.9), wolf ears, sexy, (cool:0.9), bullish, (eight heads tall, tall female:1.1), (legs, thick thighs:0.4), [(skinny:0.9), (narrow waist:0.6):(medium breasts:0.8), (shiny skin:0.8):0.3], (short hair:1.2), (silver hair:0.9), (short twintails:1.2), blunt bangs, sidelocks, wavy hair, yellow eyes, tsurime, <lora:shihaku-eye:0.6>, (sanpaku:1.1), eyelashes, (red eyeshadow:0.9), (full body:1.1), outstretched arms, (looking at viewer:0.8), smug, (open mouth:0.9), (yellow shirt:1.1), (floral print:0.8), japanese clothes, high-waist shorts, black shorts, fishnet thighhighs, (okobo, high heels:1.1), earrings, hair ornament, (white socks:1.1), (white background:1.1)
Negative prompt: (worst quality:1.4), (low quality:1.4), (normal quality:1.1), (lowres:1.3), (jpeg artifacts, sketch, blurry, 3d:1.2), (greyscale, monochrome:1.1), (loli, child, teenage, petite, short stature:1.1), (cute, kawaii:0.8), (nsfw:0.9), wolf, covered nipples, covered navel, cleavage, monster
Steps: 33, Sampler: DPM++ 2M Karras, CFG scale: 8, Seed: 26151904, Size: 864×1544, Model hash: 54ef3e3610, Model: meinamix_meinaV11, Denoising strength: 0.35, Clip skip: 2, Mask blur: 4, Lora hashes: "flat2: 80f764dfb478, shihaku-eye: 1fa1f0865224", Version: v1.5.2

---

img2img와 Inpaint를 쓸 때, 자신이 좋아하는 색칠 방식으로 진행하려고 화풍 프롬프트를 수정하거나 모델을 변경하는 경우가 있다. 이번에는 내 취향의 그림이 잘 출력됐기 때문에 변경 없이 그대로 진행했다. STEP 2에서 만든 밑그림 일러스트와 미세 조정을 마친 프롬프트를 가지고 img2img를 실행한다. 이 일러스트를 기반으로 한 번 더 세부적인 수정을 하고, Inpaint를 이용해 편집을 진행했다. 이 작업은 수차례 반복하는데, 예를 들어 신발 끈의 수정은 Inpaint의 UI에서 직접 입력하는 식으로 한다.

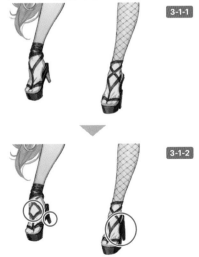

3-1-1

3-1-2

▲ 수정 방향에 따라 프롬프트를 조정하고 img2img로 만든 이미지. 수정한 부분이 AI에 의해 원래 이미지에 잘 배어든 것을 알 수 있다.

3-1

▲ 신발 끈이 좌우 같은 디자인으로 나오도록 Inpaint에서 수정 준비를 한다.

Inpaint upload를 사용한 편집

이 사례를 통해 기모노의 무늬, 꼬리털의 질감, 망사 스타킹의 농도 등에 따라 전체적인 인상이 달라진다는 것을 알 수 있었다. 이에 세부적인 수정을 하면서 전체적으로 다시 살펴보며 편집을 진행하고자 한다. 수정할 부분을 지정하기 위해 Inpaint upload에서 사용할 전신 마스킹 이미지를 준비했다. Inpaint upload는 그 명칭이 가리키는 바와 같이, 일반적으로 WebUI에서 마스킹 영역의 선택 조작이 필요한 Inpaint와는 달리 마스킹 이미지를 업로드할 수 있다. 캐릭터의 윤곽에 맞춘 마스킹 이미지를 만드는 것은 Web UI에서 하는 것보다 외부 도구를 이용해 만드는 편이 편하기에 이번 이미지는 CLIP STUDIO로 생성했다.

단색 배경으로 된 일러스트여서 '자동 선택 도구'로 배경만 선택하고 '선택 영역 반전'을 이용해 캐릭터 부분만 선택해 흑백으로 덧칠한다. 이번 작업에서는 진행하지 않았으나, 여러 장의 이미지로부터 콜라주할 때는 캐릭터 윤곽에 맞춰 마스킹을 만들면 Inpaint로 수정할 때 자세의 형태를 유지할 수 있어서 편하다. Inpaint를 할 때의 Denoising strength는 범위를 0.50~0.55로 해서 원래 이미지에서 크게 바뀌지 않는 선에서 수정을 진행한다.

▶ WebUI에서는 세부적인 마스킹 작성이 어렵기에, 외부 도구를 이용해 마스킹 작업을 하는 것을 추천한다.

`3-2` Inpaint upload의 작업 흐름

① CLIP STUDIO로 캐릭터의 윤곽을 따라 마스킹 작성

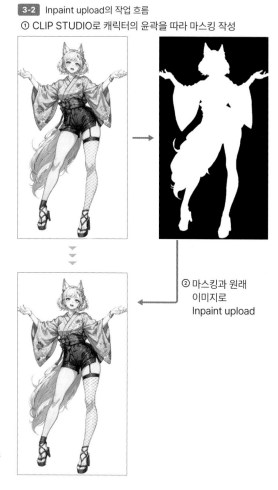

② 마스킹과 원래 이미지로 Inpaint upload

▲ Inpaint upload로 윤곽선을 유지하면서 수정 작업을 반복해, 이상적인 형태에 가깝게 마무리한다.

보충 그림 3-6
◀ 머리 부분만 수동으로 마스킹해
Inpaint를 하고, 표정을 수정한 과정

그리고 마지막 단계에서 반드시 하는 작업이 Inpaint를 이용한 얼굴 수정이다. 눈 크기 및 눈썹 각도 등 사소한 변화만으로도 인상이 크게 바뀌는데, 나는 손으로 직접 그려서 수정할 수 없으니 Inpaint로 수정해 좋은 표정을 찾아내는 식으로 진행한다. 얼굴을 세부 수정할 때는 Inpaint area의 설정을 Only masked로 하는 편이다. 그리고 수정 시에는 Denoising strength : 0.315로 해서 변화폭을 작게 가져간다. 수정 작업을 반복한 후 위에 있는 맨 오른쪽 그림의 표정이 가장 좋다고 판단해 이를 선택했다.

STEP 4

배경 일러스트 작성 (소요 시간 작업 30분)

캐릭터와는 별도로 배경을 만드는 작업이다. 캐릭터의 분위기를 보니, 순수하면서도 귀여운 느낌이 들어서 배경을 분홍색 기조로 맞췄다. 일러스트 스타일에 적합한 meinapastel_v5AnimeIllustration으로 모델을 변경해 생성했다. 캐릭터 일러스트를 수정할 때와 마찬가지로 배경 또한 직접 수정하거나 img2img를 이용해 작업했다.

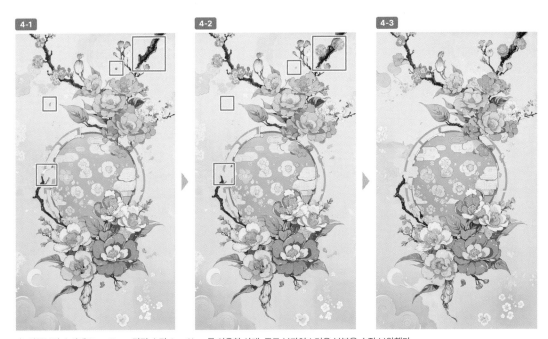

▲ 왼쪽부터 순서대로 txt2img, 직접 수정, img2img를 이용한 상태. 주로 부자연스러운 부분을 수정 보완했다.

STEP 4의 생성 parameters

(best quality, masterpiece:1.1), (highres:1.1), (highly detailed:1.1), (illustration:1.3), (japanese ink painting:0.9), (traditional media:0.6), (no humans:1.3), pastel pink theme, (japanese pattern background:1.2), (flower:0.8)
Negative prompt: (worst quality:1.4), (low quality:1.4), (normal quality:1.1), (lowres:1.3), (jpeg artifacts, sketch, blurry, 3d:1.2), (greyscale, monochrome:1.1), kimono
Steps: 33, Sampler: DPM++ 2M Karras, CFG scale: 8, Seed: 3759780745, Size: 512×912, Model hash: ff1bb68db1, Model: meinapastel_v5AnimeIllustration, Denoising strength: 0.5, Hires upscale: 1.7, Hires upscaler: Latent (nearest-exact), Version: v1.5.2

STEP 5

캐릭터와 배경의 합성 (소요 시간 작업 20분)

이어서 캐릭터와 배경 일러스트를 CLIP STUDIO로 합성하는 작업을 진행한다. 캐릭터와 배경이 같이 들어간 이미지를 생성하는 것도 박력이 있어서 좋아하지만, 분리해 작업하는 편이 더 자신의 의도에 맞는 일러스트를 만들 수 있다고 생각한다. 캐릭터와 배경은 외부 도구인 Clipdrop을 이용해 업스케일링한 것을 이용한다. 크기가 커야 후반의 색감 조절 과정을 완성도 높게 할 수 있기 때문이다. 업스케일링은 내 PC의 GPU 성능 문제로 인해 생성 크기가 제한되기 때문에 외부 도구를 이용한다.

 Clipdrop / stability.ai
https://clipdrop.co/image-upscaler

이미지를 확대했을 때 캐릭터가 배경보다 조금 떠오른 것처럼 보이게 하려고, 흰색 윤곽선을 10픽셀 정도 넣어 배경으로부터 떼어냈다.(보충 그림 5-1) 윤곽선 부분이 약간 삐뚤빼뚤한 것 같아서 흰색 윤곽선의 가장자리가 3픽셀 정도 겹치도록 선택해, 필터 > 블러 > 블러를 수차례 실행했다. 그리고 배경을 조금 짙은 색으로 하는 편이 캐릭터를 더 돋보이게 하므로, 복사한 배경을 블렌딩 모드(blending mode, 디지털 이미지 편집에서 서로 다른 레이어를 혼합하는 것-역주)로 합성해 색감을 조절했다.

전체적인 색과 명암 조절은 다음 단계에 진행하지만, 눈동자의 명암 조절은 여기서 진행한다. 캐릭터의 눈동자 부분만 복사한 레이어를 3개 정도 준비하고, 각각 블렌딩 모드로 해서 불투명도를 눈이 뚜렷하게 보일 정도로 조절해서 위에서부터 Color dodge 18%, Normal 58%, Color burn 63%로 설정해 원래 일러스트 위에 덮어씌웠다. 여기까지의 편집 내용을 통합해 이미지를 출력해 둔다.

보충 그림 5-1

▲ 마지막 세부 수정은 기존 도구로 진행한다.

▲ 잘라 내기와 블렌딩 모드를 이용해 눈동자를 조절한다.

5-1

▲ 블렌딩 모드로 배경 톤을 낮추면 흰색 윤곽선이 더 강조된다.

STEP 6

색과 명암 조절 (소요 시간 작업 20분)

마지막으로 PhotoScape를 써서 색과 명암을 조절한다. 평소 X(구 트위터)에 일러스트를 올리기 때문에, 첫인상을 강하게 주려고 채도를 높이는 편이다. 그리고 어두운 부분을 밝게 해서 전체적으로 밝은 분위기로 조절한다. 이번에는 분홍색의 상큼함을 나타내려고 색이 너무 진해지지 않도록 특히 주의했다. 그리고 애니메이션 같은 반들반들한

질감을 줄이려고 전체적으로 노이즈를 조금 추가했다. 개인적인 취향이긴 하지만, 톤 커브(Tone curve, 색조 보정 기능 중 하나로 사진이나 이미지의 밝기와 대비를 조절하는 기능—역주)를 사용해서 빨간색과 파란색을 조금 더 강하게 만들었다. 빨간색을 강조하면 피부가 건강해 보이며, 파란색을 강조하면 회색 그림자 부분이 부드러운 인상을 준다. 이렇게 하면 완성이다.

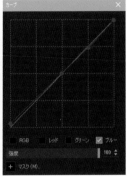

PhotoScape X

https://apps.microsoft.com/detail/
9nblggh4twwg?hl=ko-kr&gl=KR

PhotoScape X Pro

https://apps.microsoft.com/detail/
9nblggh511n0?hl=ko-KR&gl=KR

조절 전

조절 후

02 라케시데

https://x.com/lakeside529

profile

이용 디바이스   PC
제작 환경   Windows 11/NVIDIA GeForce RTX 3090
사용 소프트웨어   photoshop
평소 이용하는 이미지 생성 AI   Stable Diffusion/nijijourney/DALL-E/NovelAIDiffusion

💬 평소 작풍은?

판타지 계열 일러스트, 특히 검 같은 무기를 테마로 삼아 전투처럼 두근거리면서 멋있는 장면을 일러스트로 표현하는 것을 좋아한다. 내가 그리는 일러스트는 대체로 오리지널 캐릭터인 소녀 4명과 그들이 등장하는 세계관을 기초로 한다.

💬 이용하는 생성 AI에 대하여

Stable Diffusion의 자작 합병 모델을 txt2img로 이용하는 경우가 많다. 모델을 합병할 때는 이전에 쓰던 모델을 부분적으로 이어받는 형태를 이용해서 오리지널 캐릭터의 일관성을 높인다. 그러면서 신규 모델을 활용해 표현력을 강조하고 있다. img2img용으로는 nijijourney와 DALL-E를 함께 이용할 때도 있다.

💬 AI 일러스트를 시작한 계기 및 활동 경력

2022년 10월 무렵, 당시 Stable Diffusion에서 유행했던 모델인 Waifu Diffusion과 NovelAI Diffusion의 프롬프트 연구에 매력을 느끼고 AI 일러스트에 몰두하게 됐다. 그 후에 AI 일러스트 관련 경진 대회나 합동 동인지에 참가하고, 사용자가 자유롭게 AI 일러스트를 올리는 대규모 기획인 'AI 일러스트 판타지 ~사라토바 4개국 대항전~'과 'AI 일러스트 판타지 제2탄 그란슈라이데'에 기획자로 참여해 세계관을 고안했다. AI 일러스트 사이트인 '치치푸이'(주식회사 ccpp)가 개최한 '제2회 AI 콘테스트'에서 최우수상을 받은 바 있으며, 그 밖에도 AI 일러스트 및 ChatGPT를 활용한 AITuber인 '크림짱'을 개발하는 등, 새롭고 재미있는 AI 활용과 표현법을 모색해 가면서 활동하고 있다.

작업의 전체 흐름

한 단어만 테마로 정해도 생성이 가능한 점이 AI 일러스트의 장점이며, 그러한 무작위성을 즐길 때도 많다. 예컨대, '검을 휘두르는 소녀'라는 프롬프트만 입력하고 'txt2img로 괜찮은 결과물이 나올 때까지 생성하는' 방식으로 워크 플로를 완결할 때도 있다. 하지만 여기서는 '머리에 명확하게 떠오른 장면을 일러스트로 만들어내는' 워크 플로를 소개한다.

STEP 1의 주안점

주요 테마와 배경 스토리를 떠올리며, 만들고자 하는 장면을 상상해 본다. 배경 스토리가 있으면 캐릭터의 표정과 자세, 배경 등에 나름의 느낌이 살아나며 좋은 작품이 된다.

▼

STEP 2의 주안점

이번 일러스트는 txt2img로만 만들기가 매우 어렵기에, 기초가 될 일러스트를 먼저 생성하고 Inpaint를 써서 수정하고 마무리한다. 로컬 모델 및 웹 서비스의 특징을 이해해 두면 기초 일러스트를 만들기도 쉽다.

▼

STEP 3의 주안점

기초 일러스트를 선택하고 수정 작업을 한 후, 구도를 검토한다. Inpaint로 수정할 때는 장단점이 있다는 것을 의식하면서, 대범하게 조금은 대강대강 수정을 진행한다.

STEP 4의 주안점

Inpaint로 이전 단계에서 수정한 부분을 편집한다. Inpaint에서 사용하는 프롬프트에 따라 화풍 및 빛의 질감이 달라지므로, txt2img로도 예쁘게 생성되도록 프롬프트를 설정해야 한다.

▼

STEP 5의 주안점

전체적으로 Inpaint로 수정을 진행한다. 캐릭터를 수정할 때는 의도한 특징 및 표정을 프롬프트에 입력해 각각 개별적으로 수정해 나간다.

▼

STEP 6의 주안점

Inpaint 편집에서 취약했던 부분을 다시 보완하거나 Lama Cleaner를 이용해 수정한다. 시선 유도도 의식해 수정한다.

▼

STEP 7의 주안점

마지막으로, 필터를 이용해 마음에 드는 분위기를 조성한다. SNS용으로 쓸 거라면, 샤프니스(Sharpness, 선예도-역주)를 높이자. 이러면 섬네일 크기로 만들어도 무엇을 그렸는지 쉽게 전달할 수 있다.

STEP 1

테마 선정 (소요 시간 5분)

맨 처음에는 어떤 테마로 만들지 생각해 본다. 이번에는 '두 소녀가 등을 맞대고 함께 싸우는 장면'을 만들어볼까 한다. 그리고 두 사람 다 내가 평소에 즐겨 제작하는 오리지널 캐릭터의 특징을 대입하는 식으로 진행하겠다. 한 사람은 중간 정도 길이의 빨간 머리에 눈도 빨간 소녀로, 미소를 띤 채 빨간 드레스를 입고 검을 겨누고 있는 느낌으로 한다. 또 한 사람은 검은색 긴 머리에 눈이 노란색인 엘프 소녀로, 화면 쪽을 노려보며 검은 드레스를 입고 마법을 발동하려는 듯한 느낌으로 한다. 환상적이면서 고요함이 느껴지는 일러스트를 만들고 싶으므로, 배경은 푸른 달이 떠오르는 황야로 하겠다.

STEP 2

기초 일러스트 생성
(소요 시간 작업 5분, 생성 10분)

AI 일러스트를 생성할 때 두 명 이상의 인물을 만드는 것은 난이도가 높다. 특별히 강조하고 싶은 부분이 없이 평이하게 캐릭터들을 생성하는 건 쉽지만, 만들고자 하는 특징이 정해져 있고 각자의 특징이 다르다면, 개별적인 요소가 서로 뒤엉켜서 결과물이 생성되기 십상이다. 그렇게 뒤엉킨 부분은 나중에 STEP 3에서 Inpaint(img2img)로 수정한다는 것을 전제로, 일단은 완성도가 60% 정도 되는 기초 일러스트를 생성한다. 캐릭터의 얼굴과 표정 등은 Inpaint로 차후 수정하면 되므로 여기서는 특별히 신경 쓰지 않는다.

기초 일러스트의 생성은 기본적으로 아무 모델이나 서비스라도 상관없다. 예를 들어 nijijourney는 만들고자 하는 요소와 테마가 정해져 있는 경우, 지시가 적어도 예쁜 구도와 화풍으로 생성해 주기 때문에 종종 활용한다. 이번에는 구도를 중시하고 싶으므로, 프롬프트 이해도가 높은 DALL-E 3를 쓰도록 한다. DALL-E 3는 일본어도 사용할 수 있어서, 프롬프트는 아래와 같이 작성했다.(그림 1)

DALL-E 3의 프롬프트는 일반적인 이미지 생성 프롬프트와 마찬가지로 단어를 나열하는 식으로 할 수 있고, 아래와 같이 만들어주길 원하는 일러스트를 설명하고 부탁하는 식으로도 가능하다. 그러면 그림 2와 같이, DALL-E 3가 프롬프트도 만들어주며 생성까지 해준다. "한계를 넘어봐."라거나 "너라면 할 수 있어!"처럼 응원하는 듯한 문구를 넣으면 결과물의 질이 향상된다는 연구를 본 적이 있어서, 나는 주문을 외우듯이 매번 넣고 있다.

프롬프트를 그대로 이용해도 되지만, 다른 표현으로 바꿔가면서 몇 장의 이미지를 생성해 보았다.(그림 3~6)

그림 1

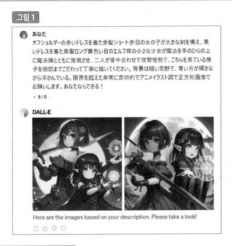

그림 2

DALL-E 3의 프롬프트 어깨가 드러난 빨간 드레스를 입은 빨갛고 짧은 머리에 붉은 눈의 소녀가 커다란 검을 겨누고 있고, 검은 드레스를 입고 검은 긴 생머리에 노란 눈의 작은 엘프 소녀가 손바닥 위에 마법진을 만들고 마법을 발동하고 있으며, 그 두 사람은 등을 서로 맞대고 공격 태세를 갖추었는데, 화면 쪽을 바라보는 상태로 세부적인 부분까지 정성스럽게 그려주길 바란다. 배경은 어두운 황야이며 푸른 달이 빛을 내며 떠올라 있다. 한계를 넘어 매우 예술적이고 애니메이션 일러스트풍으로 정사각형의 이미지로 부탁한다. 너라면 할 수 있어!

그림 3 **그림 4**

그림 5 **그림 6**

◀ 일단 세부적인 부분은 신경 쓰지 말고 밑그림이 될 일러스트를 생성한다.

STEP 3

기초 일러스트의 수정 편집 (소요 시간 작업 30분)

전 단계에서 생성한 이미지 중에서, 만들고자 하는 구도 및 취향에 맞게 수정하기가 수월해 보이는 것을 선택해 밑그림으로 삼는다. 여기서는 그림 3을 택했으며, 이를 애초에 내가 생각했던 느낌에 가깝도록 수정한다. 그림 3을 택한 이유는 다음과 같다. ① 마법을 쓰는 손의 형태가 귀엽다. ② 검을 제대로 쥐고 있다. ③ 배경 구도가 내가 상상한 대로다. ④ 소녀의 몸이 향하고 있는 방향이 상상한 대로다. ⑤ 환상적인 분위기. 요컨대, 이 다섯 가지는 'Inpaint로 크게 수정하기가 어렵다고' 판단했다는 것이다. 반대로, 수정이 크게 필요한 부분은 다음과 같다. ① 검과 마법이 반대(빨간 소녀가 검, 검은 소녀가 마법). ② 두 사람의 등이 떨어져 있음(서로 등을 기대고 있는 분위기로 하고 싶음). ③ 화면비(최종 완성품은 $1 : \sqrt{2}$). 즉, 이 세 가지는 'Inpaint로 비교적 쉽게 수정할 수 있다고' 판단했다.

그림 3

그럼 수정을 해보자. 일단 검과 마법을 서로 바꾸었다. 올가미 도구로 가슴 부위에서 손까지 선택해 별도 레이어에 복사하고, 반전시켜서 각각 반대로 중첩한다.(그림 7, 8)

이어서 불필요한 부분을 지우개 도구로 지우고, 중간에 끊어진 검을 붓 도구로 간단히 이어 만든다. 세부적인 부분은 Inpaint로 수정하면 되므로, 이 정도로 대강 수정해도 괜찮다.(그림 9)

그림 7

그림 8

그림 9

그림 7 수정에 활용할 부분을 올가미 도구로 대략 묶어서 선택. 그림 8 다음 수정에 활용할 수 있도록 별도 레이어에 복사 및 붙여넣기. 그림 9 지우개와 붓 도구로 수정 및 편집을 진행.

이어서 옷 색깔을 변경한다. 세부적인 옷의 형태나 주름 등은 추후 Inpaint에서 수정하면 되므로, 한 가지 색으로 칠해도 괜찮다. 불필요한 장식 같은 것도 덧칠한다.(그림 10)

다음은 두 사람을 서로 더 밀착시켜야 하므로, 올가미 도구로 검은 소녀를 잘라 내어 이동시킨다.(그림 11)

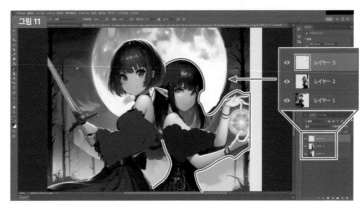

마지막으로 완성할 최종본의 가로세로 비율에 맞추도록 한다. 균형감을 의식하면서 좀 전에 소녀를 움직였던 부분도 세밀하게 조절한다. 그림을 확장해서 생긴 공백은 구도를 상상하며 색칠한다. 마침내 기초 일러스트가 완성됐다.(그림 12)

그림 10 최종본의 색상으로 대강 맞춘다. 그림 11 올가미 도구를 이용해서 수정과 편집을 하고 구도를 조정한다. 그림 12 조절 후의 모습.

STEP 4

편집 부분에 Inpaint하기
(소요 시간 작업 5분, 생성 20분)

그럼 다음으로는 WebUI의 Inpaint 기능을 이용해 수정을 진행한다. 우선 로컬 모델용 프롬프트를 애초 구상한 장면에 맞춰 작성한다. 나는 대체로 품질 > 테마 및 색칠 > 인물 설명 > 행동 및 구도 > 배경 > 이펙트 순으로 프롬프트를

고려하는 편이다. 단, 엄밀한 규칙이 있는 것은 아니다. 단지 이 같은 순서로 작성하니 결과물이 잘 나오는 경우가 많았다. 즉 경험으로 얻은 결론이다. 또한 img2img에서는 프롬프트의 강약이 큰 영향을 미치지 않으므로, 자연어로 영어를 입력해도 크게 문제없을 것이다. 하지만 화풍이나 조명의 강도 등을 제어하는 anime coloring 및 strong rim light는 신경 써서 입력하는 편이다.

STEP 4의 생성 parameters

Prompt : ((best quality,detailed background, fantasy,2d,game cg,anime coloring:1.1)) ,BREAK kawaii two girls,(red hair medium hair,detailed red eyes,black hair long hair,detailed yellow eyes),bare shoulders,medium breasts, detailed red dress,detailed black dress skirt, shining sword, magical circle, forest wilderness under a glowing large blue moon, strong rim light
Negative prompt: EasyNegative:1.2,NSFW,((animal ears:1.2)) ,(worst quality,low quality:1.2),(bad anatomy:1.4),text,logo, (3d,realistic,makeup, nose,teeth, lip:1.3)
Steps: 30, Sampler: DPM++ 2M Karras, CFG scale: 7, Denoising strength: 0.52, Clip skip: 2, Mask blur: 4

그리고 STEP 3에서 수정 보완한 부분을 중심으로 Inpaint할 영역을 지정하고, Denoising strength는 0.5 정도로 설정한다. strength 값을 설정하는 나름의 감각은 이렇다. 원래 그림의 색이나 형상을 유지하면서 조절할 때

는 0.4 정도. 원래 그림의 색상 정보를 남기고 형태를 조금 바꾸고 싶을 때는 0.6 정도를 설정한다. 색을 포함해 크게 바꾸고 싶을 때는 0.8~0.9로 설정한다.(그림 13, 14)

그림 13

그림 14

한 번에 모든 항목이 내 생각대로 수정되지는 않으므로 어느 정도 전체적으로 정리가 된 것 같으면, 신경 쓰이는 부분을 개별적으로 Inpaint로 지정하고 strength를 조절하면서 순서대로 수정한다.(그림 15)

그림 15

▲ Inpaint로 대략적인 수정을 진행한 상태

STEP 5
전체적으로 Inpaint하기
(소요 시간 작업 10분, 생성 40분)

이어서 캐릭터의 얼굴 및 표정 부분을 Inpaint로 수정한다. 이때 캐릭터는 한 사람씩 개별적으로 수정하므로, 프롬프트는 각 인물의 특징만 기재한다. 예컨대 빨간 머리 소녀를 수정할 때는 black dress나 long hair를 삭제하고, 표정은 smile로 해야 할 것이다.

검은 머리 소녀를 수정할 때는 red dress와 medium hair를 삭제하고, pointy ears를 추가하며, 표정은 glaring, disdain, angry로 한다. Negative prompt에 blush를 추가해 얼굴이 빨개지지 않도록 한다. 또한 눈을 반쯤 뜬 채 상대방을 노려보는 LoRA를 적용했다. strength는 0.5 정도로 설정해 작업을 진행한다.

 눈을 반쯤 뜬 채 상대방을 노려보는 LoRA:
https://civitai.com/models/93681/
eyecontrol-jitome

그 밖에도 신경 쓰이는 부분을 한 번에 수정하는 것이 아니라, 개별 그림을 순서대로 Inpaint를 이용해 수정했다.(그림 16)

그림 16

STEP 6

보완 및 LamaCleaner를 활용한 수정
(소요 시간 작업 30분, 생성 10분)

Inpaint는 '원래 그림의 색감과 대략적인 형태를 유지하면서 괜찮게 느껴지도록 잘 융합시키는' 것이 장점이다. 반대로 '불필요한 것을 삭제'하거나 '새로운 것을 출현시키는' 일은 잘하지 못한다. 그런 경우, 수정 보완 후에 Inpaint를 하거나 LamaCleaner를 이용하면 좋다. LamaCleaner는 삭제 작업에 특화된 AI를 활용하는 수정 도구로, WebUI와 다른 독립된 애플리케이션인데, 나는 WebUI에 LamaCleaner를 추가한 확장 기능을 쓰고 있다.

예를 들어, 이 그림에서 팔찌는 필요 없으므로 삭제 대상이다. 사용 방법은 매우 간단한데, 단순히 삭제하고 싶은 부분을 지정하면 끝이다. 프롬프트도 필요 없으며, '이것은 팔의 일부다.'라고 스스로 판단한 AI가 그림을 보완해 줬다.(그림 17, 18)

또한, 마법진은 포토샵을 이용해 반전 복사한 후에 오른쪽을 수정했다. 손가락 부위도 편집해 대략적인 형태를 만든 다음, Inpaint로 수정했다.(그림 19)

그 밖에도 LamaCleaner를 써서, 신경 쓰이는 부분을 삭제한다. 유심히 구조를 들여다보면서, '잘 생각해 보면 설명이 잘 안 되는 부분'이나 '의미 없이 돌출한 구조' 등을 찾는 것이다.

AI 일러스트는 배경을 매우 치밀하게 그려내는데, 이번에 내가 만들고자 하는 일러스트는 인물과 달이 메인이기 때문에 그 이외의 요소는 오히려 눈에 띄지 않도록 하려 한다.(그림 20)

그림 17

그림 18

그림 19

그림 20

▲ 주요 수정 부위 및 수정 후 비교. 주제가 훨씬 잘 드러난다.

STEP 7

마무리 (소요 시간 작업 10분)

마무리 작업으로 이미지 전체에 필터를 적용한다. 이때 포토샵을 이용한다. 대비 및 노출, 채도를 조절하거나 환상적인 분위기를 연출하기 위해 명료도를 낮춰 광원이 부드럽게 빛나도록 했다. 그리고 이번에는 캐릭터를 강조하고 싶으므로 배경을 약간 흐릿하게 만들었다. 또한, 샤프니스를 올려서 섬네일 크기로 만들어도 그림과 캐릭터 얼굴이 잘 보이도록 해서 SNS용으로도 이미지를 활용할 수 있도록 만들었다.(그림 21)

그림 21

이펙트를 적용한 후에도 Inpaint를 활용해 수정할 수 있다. 실제로, 검의 방향과 이펙트가 만족스럽지 않아서 후작업으로 이를 보완하고 Inpaint로 수정했다. 그 밖에도 신경 쓰이는 부분을 몇 군데 수정했다. 작업 방식은 지금까지와 마찬가지로, '추가하고 싶은 부분을 보완 → Inpaint', '삭제하고 싶은 부분은 LamaCleaner/보완 → Inpaint', 이런 식으로 진행했다. 마지막 단계로, 이미지 업스케일링을 진행한다. 나는 Real-ESRGAN-GUI라는 소프트웨어를 이용한다.(그림 22) 업스케일링이 끝난 다음에도 신경 쓰이는 부분을 수정 보완했고, 마침내 완성했다.

그림 22

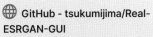

🌐 **GitHub - tsukumijima/Real-ESRGAN-GUI**

github.com/tsukumijima/Real-ESRGAN-GUI

198

드디어 이 책의 마지막 여정에 들어왔다. 지금까지 텍스트를 이용한 이미지 생성, 이미지를 활용한 이미지 생성, ControlNet으로 자세 및 표정 만들기, 이미지 생성 AI의 '두뇌'라 할 수 있는 .safetensors 파일을 만드는 법 등을 공부했다. 그럼 다음 단계는 무엇일까.

》》》 이미지 생성 AI 크리에이터의 자세 (v1.0)

지금까지는 기술과 기능에 관한 이야기를 중심으로 설명했다. 남은 지면에서는 이미지 생성 AI의 윤리 및 법률과 관련한 지식을 전달하려고 한다. AICU 미디어 집필팀이 지금까지 겪은 경험을 바탕으로 '이미지 생성 AI 크리에이터가 해야 할 일과 하지 말아야 할 일'이 무엇인지 정리해 봤다.

하지 말아야 할 일

· 다른 사람에게 민폐를 끼치는 행위

· 기술적, 법률적으로 가능한 부분과 불가능한 부분, 예의, 도덕, 과거의 상식, 위험, 감정을 섞어서 혼란을 일으키는 행위

· (자신의 기술이 뛰어나다고 우쭐해서) 다른 사람의 작품을 무시하며 비판하는 행위

· 이미지 생성 AI라 값이 싸다거나, 자동이라거나, 무료로 만들 수 있다거나 하는 등, 편히 돈을 벌 수 있다는 식으로 사회적 인식에 오해를 불러일으키는 행위

해야 할 일

· 무조건 즐길 것, 작품을 만든다는 정열을 품고 이를 지켜나갈 것

· 잘 모르는 것은 직접 알아보고 조사해 공유하고, 커뮤니티 및 Issue에도 전파할 것

· 인사, 답변, 감사, 질문을 구체적으로 하며, 질문할 때는 '모르는 사항'뿐 아니라 자세한 정보, 진행 상황을 보고하는 등 성의를 다하고, 다른 사람을 향해 존중과 이해의 자세를 보일 것

· 상대를 향한 존중과 배려가 가장 중요함, 오픈 소스 커뮤니티의 개발자를 대할 때는 경의를 표할 것

AICU사도 note에서 커뮤니티를 운영 중이다.

 **AICU: AI Creators Union**
https://note.com/aicu/membership/join

이미지 생성 AI의 활용 및 주의점

많은 사람이 생성 AI를 활용하면서 여러 궁금점과 불안을 품는다. 이와 관련해서 변호사에게 질문해 답변을 받았다. (아베·이쿠보·카타야마 법률사무소 소속의 시바야마 변호사와 시바사키 변호사)

Q1 ▶ 생성 AI를 이용할 때 주로 어떤 것이 문제가 되는지, 전체적인 관점에서 알려주세요.

Answer

생성 AI의 이용과 관련한 문제는 ① 프롬프트 입력 단계, ② 프롬프트 입력 후 얻어진 AI 생성 결과물의 이용 단계 ③ 활용할 생성 AI 모델을 선정하는 단계 등, 크게 세 가지 단계로 구분해 생각해 볼 수 있다.

① 프롬프트 입력 단계

프롬프트 입력 단계에서는 특히 아래와 같은 문제가 발생할 수 있다.

• 입력해서는 안 될 데이터를 입력하지 않았는가?

프롬프트 입력은 생성 AI를 관리하는 기업에 해당 입력 데이터가 전달되는 것을 의미한다. 따라서, 기밀 유지 협정을 체결한 곳에서 획득한 기밀 정보처럼 공개하면 안 되는 정보를 입력해도 되는지에 대해 신중한 검토가 필요하다. 또한, 개인 데이터를 구성하는 개인 정보는 원칙적으로 동의 없이 제삼자에게 제공하는 행위가 금지돼 있으므로 이 점도 주의해야 한다. 이와 같은 정보를 입력하는 것이 반드시 위법이라는 것이 아니라, 생성 AI의 이용 약관에 따라 결론 또한 달라지기 마련이므로 신중하게 검토해야 한다.

• 이용 목적에 문제가 있는 것은 아닌가?

예를 들어 프롬프트에 다른 사람의 저작물을 입력했다면, 원칙적으로 그것만으로는 저작권 침해가 되지는 않으나(한국에서는 문제가 될 수 있다–역주) 입력 대상이 된 저작물과 같거나 유사한 결과물을 생성하고자 하는 목적이 있었다면, 입력 행위 자체가 저작권 침해가 될 가능성이 있다.

• 프롬프트 내용이 이용 약관을 위반하지 않았는가?

위에서 언급한 이용 목적과도 관련이 있는데, 이용 약관으로 이용 목적 및 방법과 관련해서 일정 부분 제한이 걸린 경우가 있다. 예컨대, Stable Diffusion은 미성년자를 착취하거나 위해를 가할 목적으로 이용하는 것이 금지돼 있다.

② 프롬프트 입력 후 얻어진 AI 생성 결과물의 이용 단계

AI로 생성한 결과물을 이용하는 단계에서 우선 해당 결과물이 제삼자의 저작권을 포함해 기타 권리를 침해하지 않는지 확인해야 한다. 또한, 법적으로 권리 침해가 없다 하더라도 유사한 작품이 존재한다면 이용 방식에 따라 사회적으로 큰 문제를 일으킬 수 있으므로, 그러한 관점에서도 검토해야 한다. 더욱이 생성 AI에서 출력된 정보는 잘못된 내용이 포함될 가능성도 있으므로, AI로 생성한 결과물에 틀린 정보가 들어 있는지 확인해야 한다. 이에 덧붙여, 외설스럽거나 괴기스러운 그림, 즉 부적절한 내용이 포함돼 있는지도 확인해야 한다.

③ 활용할 생성 AI 모델을 선정하는 단계

이 책은 Stable Diffusion을 이용하는 방법을 설명하는 것이 목적이므로, 이 점을 자세히 다루지는 않았으나, 주로 아래와 같은 부분은 검토해야 한다.

• 이용 약관에 따라, AI 생성 결과물 이용에 제한은 없는지 (상업적 이용 제한)
• 입력된 프롬프트에 포함된 데이터는 어떻게 이용되고 있는지 (학습 이용 여부)
• AI 생성 결과물이 저작권을 침해할 위험성은 높지 않은지 (특정 작풍의 출력 여부)
• 데이터가 저장되는 국가는 어디인지

생성 AI 이용 시 주요 문제점

프롬프트 입력 단계

• 입력해서는 안 될 정보를 입력하지 않았는지 (개인 정보, 기밀 사항 등)
• 이용 목적에 문제는 없는지 (저작권 침해 등)
• 프롬프트의 내용이 이용 약관을 위배하지 않는지

사용할 모델 선정

• 이용 약관에 따라, 결과물 활용에 제한은 없는지 (상업적 이용 금지)
• 입력된 프롬프트에 포함된 데이터는 어떤 식으로 이용되는지 (학습에 활용되는지 여부)
• AI 생성 결과물이 저작권을 침해할 위험성은 높지 않은지 (특정 작풍의 출력 여부)
• 데이터가 저장되는 국가는 어디인지

AI 생성 결과물 이용 단계

• AI 생성 결과물이 제삼자의 저작권을 침해하지 않는지
• 저작권과 관련한 권리 침해가 없더라도, 유사한 작품이 존재하는지, 이용 시 주의해야 할 점은 없는지
• 틀린 내용이 포함돼 있지 않은지
• 외설스럽거나 기괴한 그림, 즉 부적절한 내용이 들어 있지는 않은지

Q2 ▸ 지식재산권이란 어떤 권리인가요? 생성 AI 이용 시에 중요한 권리는 무엇입니까?

Answer

지식재산권은 창의적인 활동으로 생산한 물건에 대한 권리(저작권, 의장권 등) 및 영업상 표식에 대한 권리(상표권 등)를 포함한 복수의 권리에 대한 총칭으로, '지적인 창작 활동을 통해 어떤 것을 만들어낸 사람에게 부여하며, 다른 사람이 무단으로 이용하지 못하게 하는 권리'다.

지식재산권 중에서도 생성 AI의 이용에 있어서 가장 중요한 권리는 저작권이다. 그 밖에도 의장권과 상표권이 문제가 될 소지가 있지만, 그 빈도는 저작권에 비해 높지 않다. 주요 지식재산권에 무엇이 있는지 간단히 소개한다.

저작권

저작권이란 '사상 또는 감정을 창의적으로 표현한 것으로 문학, 학술, 미술, 음악의 범주에 해당하는 것(저작물)'을 보호하는 권리다. 저작권은 권리 획득을 위한 등록 절차가 따로 필요하지 않으며, 저작물이 창작된 시점에서 자동으로 권리가 부여된다는 점에서 후술할 의장권 및 상표권과 구분된다. 생성 AI를 활용할 때, 저작권이 문제가 되는 것은 아래와 같다.

- 프롬프트에 제삼자의 저작물을 입력해도 되는지 (Q3 참고)
- AI 생성 결과물에 저작권이 발생하는지 (Q4 참고)
- AI 생성 결과물이 제삼자의 저작권을 침해하고 있지는 않은지 (Q5 참고)

의장권

의장권이란 사물이나 이미지의 의장(디자인)을 보호하는 권리로, 특허청에 의장 등록을 출원해 취득할 수 있다. 생성 AI에서 의장권이 문제가 되는 경우는 많지 않으나, AI 생성 결과물이 제삼자의 의장권을 침해한다면 문제가 될 수 있다.

응용의 관점이기 때문에 이 책에서는 자세히 다루지 않으나, 예컨대 생성 AI를 활용해 자사의 상품 디자인 초안을 만들어 이를 토대로 제작한 상품이 만약 타사의 디자인과 비슷하다면, 의장권 침해로 손해배상 및 판매금지 가처분 소송이 들어올 수 있다.

상표권

상표권은 자신이 취급하는 상품이나 서비스를 다른 사람의 그것과 구별하기 위해 이용하는 표장(기호)을 보호하는 권리이며, 특허청에 상표 등록 출원을 해서 취득할 수 있다. 상표 등록 출원 시에는 그 상표를 사용할 상품 또는 서비스를 함께 지정해야 한다.

생성 AI와의 관련성을 살펴보면, 생성 AI가 만든 표장이 제삼자의 상표권을 침해했는지에 관한 문제가 발생할 수 있다. 이 또한 응용의 관점이라 이 책에서 자세히 다루기 어려우나, 예컨대 생성 AI를 활용해 로고를 만들었는데 타사의 등록 상표와 같거나 유사하고, 해당 등록 상표의 지정 상품 또는 지정 서비스와 같거나 유사한 상품 또는 서비스에 이를 사용했다면, 손해배상 및 판매금지 가처분 소송이 들어올 수 있다.

특허권

특허권이란 산업적으로 이용할 수 있는 발명을 보호하는 권리다. 이미지 생성 AI의 활용에서 특허권이 문제가 될 소지는 거의 없으므로 자세한 설명은 생략한다.

Q3 ▶ 저작권이란 어떤 권리인가요? 이미지 생성 AI를 이용할 때 알아둬야 할 관련 지식은 어떤 것이 있는지 알려주세요.

Answer

저작권이란 '사상 또는 감정을 창의적으로 표현한 것으로 문학, 학술, 미술, 음악의 범주에 해당하는 것(저작물)'을 보호하는 권리다. 그림과 사진은 보통 '사상 또는 감정을 창의적으로 표현한 것'이므로, 기본적으로 저작권이 인정된다. 한편, 그림이나 사진과 같은 작품이 아니라 작풍이나 화풍 같은 것은 추상적이며 아이디어에 지나지 않기 때문에, 저작권법으로 보호받기 어렵다. 따라서 AI 생성 결과물이 단순히 제삼자의 작풍이나 화풍과 유사하다는 것만으로는 저작권 침해에 해당하지 않는다.

제삼자의 저작물에 대하여, 저작권자에게 허락받지 않고 무단으로 복제하거나 인터넷에서 공공을 대상으로 송신하는 것은 원칙적으로 저작권 침해에 해당한다.

Stable Diffusion은 이미지를 입력해 다른 이미지를 생성하는 기능(img2img)을 이용할 때 이미지를 복제해 Stable Diffusion에 입력하는 행위를 거치는데, 이때 복제하는 이미지가 제삼자의 저작물이라면 본래 저작권 침해에 해당한다. 하지만 정보 해석용으로 이용하는 경우처럼 저작물에 표현된 사상 및 감정을 자신이 직접 향유하거나 다른 사람에게 향유하도록 하는 것을 목적으로 하지 않았다면, 제삼자의 저작물을 이용할 수 있다. (일본 저작권법 30조 4. 한국에서는 저작권 침해가 될 수 있다.—편집자주)

생성 AI에 프롬프트로 제삼자의 저작물을 입력하는 행위는 일반적으로 이러한 '정보 해석'으로 인정된다. 다만, 저작물에 표현된 사상 또는 감정의 향유를 목적으로 하지 않는 이용이라면 제삼자의 저작물 이용을 인정하는 것에 지나지 않으며, 생성 AI에 저작물을 직접 입력하는 행위가 전부 보호받는 것은 아니다. 예를 들어, 생성 AI에 입력하는 데 활용한 기존 저작물과 유사한 결과물을 생성할 목적으로 해당 저작물을 입력했다면, 저작물에 표현된 사상 또는 감정을 향유할 목적으로 했다는 것이 인정되므로 원칙으로 돌아가서 저작물 이용이 저작권 침해 소지가 있으므로 주의해야 한다. (일본 문화심의회 저작권분과회 법제도 소위원회 'AI와 저작권에 대한 관점에 대하여(안)', 2024년 2월 29일, 37항 이하)

또한 (일본) 저작권법 30조 4는 저작물에 표현된 사상 또는 감정의 향유를 목적으로 하지 않는 이용일지라도 '저작권자의 이익을 부당하게 해하고 있는 경우'라면 저작물 이용이 금지된다고 규정하고 있다. 어떤 상황에서 '저작권자의 이익을 부당하게 해하는가'라는 문제는 AI의 개발, 학습 면에서도 중요하지만, 응용 관점에서의 문제이므로 이 책에서는 설명을 생략한다.

Q4 ▶ 이미지 생성 AI를 활용하면서 저작권을 인정받으려면 어떻게 해야 하나요?
또, 자신이 작성한 콘텐츠가 저작물이라는 것을 증명하려면 무엇이 필요할까요?

Answer

1. AI 생성 결과물과 저작권

생성 AI가 자율적으로 생성한 것은 '사상 또는 감정을 창의적으로 표현한 것'에 해당하지 않기 때문에, 원칙적으로 AI 생성 결과물에 저작권이 발생하지는 않는다. 저작권이 발생하지 않으므로, 결과물을 제삼자가 무단으로 도용하더라도 저작권 침해 소송은 진행할 수 없다. 단, 예외적으로 아래 같은 경우에 AI 생성 결과물에도 저작권이 인정된다.

① AI 생성 결과물의 생성 과정에서 생성 AI 이용자에 의한 창의적인 기여가 있는 경우
② 기존 AI 생성 결과물에 인간이 창의적인 표현이라고 판단한 수정과 보완을 가한 경우

①과 같이, AI 생성 결과물의 생성 과정에서 생성 AI 이용자에 의한 창의적인 기여가 있다고 판단되는 경우, 해당 이용자를 저작자로 해서 저작권이 발생한다. 구체적으로 말하자면, 지시 및 입력(프롬프트 등)의 양과 내용, 생성 시행 횟수, 여러 장의 생성 결과물에서 선택했는지 여부 등을 고려해 창의적 기여를 판단한다. (일본 문화심의회 저작권분과회 법제도 소위원회, 'AI와 저작권에 대한 관점에 대하여(안)', 2024년 2월 29일, 39항 이하) 하지만 창의적 기여라고 인정하는 판단 기준은 매우 높다.

②와 같이, 기존 AI 생성 결과물에 인간이 창의적인 표현이라고 판단한 수정 및 보완을 가한 부분에 대해서는 해당 부분만 '사상 또는 감정을 창의적으로 표현한 것'에 해당한다고 해서 저작물성을 인정한다. 예컨대, AI 생성 결과물의 크기를 바꾼 것만으로 창의적 표현이라고는 하지 않으나, AI 생성 결과물의 구도를 참고로 해서 수작업으로 작품을 변경했다면 창의적 표현이라고 판단할 수도 있다.

2. 저작물에 대한 증명

AI 생성 결과물에 원칙적으로 저작권이 발생하지 않는다면, ① AI 생성 결과물에 창의적 표현이라 할 만한 수정과 보완을 했는데 'AI 생성 결과물에 저작권은 발생하지 않는다'라며 무단 도용한 상황이나 ② 생성 AI를 이용하지 않고 그림을 그렸는데 이에 대해 '생성 AI를 썼으므로 저작권이 발생하지 않는다'라는 이유로 무단 도용하는 상황을 가정해 볼 수 있다.

①의 경우, 생성 AI를 어떤 식으로 활용했고, 사람이 어떻게 수정 보완했는지 사후에 입증할 수 있도록 준비해 둘 필요가 있다. 그러려면 입력한 프롬프트 및 이를 통해 생성한 AI 생성 결과물을 함께 보관해야 한다.

②의 경우, AI를 쓰지 않았다는 사실을 증명해야 하므로, 콘텐츠 작업 과정을 가능한 한 자세하게 남겨 두는 일을 비롯해 여러 가지 장치를 마련해야 한다.

향후 생성 AI의 이용이 더욱 증가해, 전 세계에 수많은 AI 생성 결과물이 나올 것으로 예상된다. 따라서 인간이 만든 콘텐츠와 AI 생성 결과물을 구별해 관리해야 하며, AI 생성 결과물에는 생성 AI를 이용했다는 점을 표기해야 한다.

Q5 ▶ 이미지 생성 AI의 AI 생성 결과물이 기존 제삼자의 저작물과 유사한 경우,
어떤 문제가 발생할 수 있나요? 그리고 유사한 기존 콘텐츠를 이미지 생성 AI가
생성한 경우, 어떤 문제가 발생하는지요?

Answer

1. AI 생성 결과물과 저작권 침해

　AI 생성 결과물이 기존의 제삼자가 만든 저작물과 유사한 경우, 해당 AI 생성 결과물이 해당 제삼자의 저작물에 의거했다고 판단되면, AI 생성 결과물을 이용하는 행위는 제삼자의 저작권을 침해한다고 간주해 해당 AI 생성 결과물의 이용을 금지하거나 손해배상을 청구할 가능성이 있다.

　저작권의 침해는 AI 생성 결과물이 제삼자의 저작물과 유사하다는 부분(유사성)과 AI 생성 결과물이 제삼자의 저작물에 의거한다는 부분(의거성), 이렇게 두 가지가 존재하는 경우에 인정받는다.

　유사성은 창의적 표현이 같거나 유사한 경우에 인정되는 것이다. 창의적 표현이 아닌 단순한 아이디어와 같이 저작권법상 보호하지 않는 부분이 유사한 정도라면 저작권 침해로 보지 않는다.

　의거성은 기존 저작물을 접하고 이를 자신의 작품에 활용한 것으로 보이는 상황에 인정된다. 예를 들어 프롬프트에 제삼자의 저작물을 입력한 경우, 일반적으로 해당 저작물에 의거했다는 점을 인정받는다. 덧붙여, 프롬프트에 제삼자의 저작물이 포함돼 있지 않고 생성 AI의 이용자가 기존 저작물을 인식하지 않았다 하더라도, AI 학습용 데이터에 해당 저작물이 포함된 경우에는 일반적으로 의거성이 있다고 추인(推認)한다. (일본 문화심의회 저작권분과회 법제도 소위원회, 'AI와 저작권에 대한 관점에 대하여(안)', 2024년 2월 29일, 34항) 이용자에 따라서는 존재 자체를 모르는 저작권 침해에 대해서 책임을 져야 할 가능성이 생기므로, AI 생성 결과물을 이용할 때는 저작권 침해 여부와 관련해서 조사를 해봐야 할 경우가 많으며 주의해야 할 부분이다.

2. AI 생성 결과물이 다른 AI 생성 결과물과 유사한 경우

　유사성이 문제가 되는 기존 콘텐츠 또한 생성 AI에 의해 생성된 AI 생성 결과물이라면, Q4에서 설명했듯이 원칙적으로 AI 생성 결과물에 애초부터 저작권은 발생하지 않는 것으로 간주한다. 따라서 자신의 AI 생성 결과물이 제삼자의 AI 생성 결과물과 유사한 경우라 하더라도, 기본적으로는 저작권 침해 문제가 발생하지 않는다. 다만 Q4에서도 설명했듯, 예외적으로 AI 생성 결과물에 저작권이 발생하는 경우가 있다. 그럴 때는 AI 생성 결과물과 유사하더라도 저작권 침해의 문제가 생길 수 있다.

Q6 ▸ 현재, 학습 부분이 아니라 입력 부분에서 제삼자의 저작물을 이용하는 방법(img2img 및 ControlNet 등의 방식)으로 인해 문제가 발생하는 경우가 있습니다. 이와 같은 행위는 어떤 권리를 침해하는 것인가요?

Answer

img2img를 이용해 제삼자의 저작물을 프롬프트로 입력한 경우, 아래 세 가지 사항이 특히 문제가 될 수 있다.

① 제삼자의 저작물을 복제해 생성 AI에 입력하는 행위가 제삼자의 저작권을 침해하지 않는지
② 제삼자의 저작물을 입력한 결과, 제삼자의 저작물과 유사한 AI 생성 결과물이 생성된 경우, 이를 이용하는 것이 제삼자의 저작권을 침해하는 것은 아닌지
③ 제삼자가 '생성 AI에 입력 금지'를 표명하면서 저작물을 공표한 경우, 해당 저작물을 입력하는 행위는 문제가 되지 않는지

①의 경우, Q3에서 해설한 것처럼 (일본) 저작권법상 제삼자의 저작물을 생성 AI에 입력하는 것은 저작물에 표현된 사상 또는 감정의 향유를 목적으로 하지 않는 이용이므로 해당 제삼자의 허가 없이도 사용할 수 있다. 단, 생성 AI의 입력에 활용한 기존 저작물과 유사한 결과물을 생성할 목적으로 해당 저작물을 입력한 경우, 저작물에 표현된 사상 또는 감정의 향유를 목적으로 한다고 인정되기 때문에 저작권 침해가 될 가능성이 있다는 점에 주의해야 한다. 또한 저작권 침해가 없더라도, 해당 생성 행위가 고의 또는 과실에 의해 제삼자의 영업상 이익 및 인격적 이익 등을 침해한다고 판단될 경우, 인과 관계와 기타 불법 행위 책임, 인격권 침해에 대한 요건을 충족했다면, 해당 생성 행위를 실행한 자가 불법 행위 및 인격권 침해에 대해 책임을 져야 할 수도 있다. (일본 문화심의회 저작권분과회 법제도 소위원회, 'AI와 저작권에 대한 관점에 대하여(안)', 2024년 2월 29일, 24항)

②의 경우, Q5에서 해설했듯이, 제삼자의 저작물을 프롬프트에 입력했다면 기본적으로 의거성이 인정된다. 이에 더해 유사성까지 인정된다면 해당 AI 생성 결과물의 이용은 저작권 침해에 해당한다.

③의 경우, 제삼자가 표명한 '생성 AI에 입력 금지'라는 조건을 받아들였다면, '생성 AI에 입력 금지'를 골자로 한 계약이 성립해 생성 AI에 입력하는 일은 계약 위반이 된다. [단, 저작권법이 정보 해석을 위한 이용을 인정하고 있으므로, 이를 금지하는 계약 조항 자체가 무효가 될 가능성이 있다는 논의도 존재한다. 이러한 것을 오버라이드(override, 무효 혹은 기각—역주) 문제라 한다.]

Q7 ▶ 법률 및 윤리의 관점에서, AI 학습용 데이터 세트를 만들 때 주의해야 할 부분은 무엇인가요?

Answer

AI 학습용 데이터 세트를 만들 때 주의해야 할 점은 여럿 있지만, 다음 내용이 특히 중요하다.

- 개인 정보가 포함된 경우, 개인정보보호법을 준수한다.

  학습용 데이터 세트에 개인 정보가 포함된다면, 이용 목적의 통지 및 공표가 필수이며, 개인 데이터를 제삼자에게 제공하는 경우에는 원칙적으로 동의가 필요하고, 제삼자에게 취급을 위탁한다면 위탁하는 곳을 감독해야 하는 등, 여러 가지 의무가 부과된다. 또한, 생성 AI는 학습 데이터가 출력 데이터에 포함될 가능성이 크므로, 학습에 활용된 개인 정보가 그대로 출력되지 않도록 조치해서 개인 정보 유출이 발생하지 않도록 최선의 노력을 기울여야 한다.

- 기밀 정보가 들어가지 않도록 한다.

  AI 학습용 데이터 세트에 포함된 데이터는 생성 AI를 제공하는 사업자 같은 제삼자에게 제공될 가능성이 있다. 그리고 위에서 말했듯이 학습 데이터가 출력 데이터에 포함될 가능성 또한 존재한다. 따라서 계약상 제삼자에게 공개가 금지된 비밀 정보나 회사 내규 등으로 사외 유출이 금지된 기밀 사항이 학습용 데이터 세트에 포함되지 않도록 주의해야 한다.

- 수집하는 데이터가 권리 침해 복제물이 아닌지 확인한다.

  AI 학습용 데이터 세트에 제삼자의 권리를 침해하는 것이 명백한 데이터(해적판)를 포함하지 않도록 주의해야 한다. 웹사이트가 해적판 같은 권리 침해 복제물을 게재하고 있다는 사실을 알고 있다면, 해당 웹사이트에서 학습 데이터를 수집하는 행위는 엄격히 삼가야 하며, 만약 해당 학습 데이터를 학습한 생성 AI에 의해 생성된 결과물이 저작권 침해 소지가 있다면 이에 대해서는 규범적 행위 주체로서 책임을 져야 할 가능성이 있다. (일본 문화심의회 저작권 분회 법제도 소위원회, 'AI와 저작권에 대한 관점에 대하여(안)', 2024년 2월 29일, 28항).

- 데이터 내용을 적절히 관리한다.

  AI를 어떤 용도로 이용하는가에 따라 달라질 수도 있으나, 학습용 데이터 세트에 포함된 데이터의 내용이 정확하고, 잘못된 내용을 포함하지 않도록 하며, 편향된 데이터가 되지 않도록 주의해야 한다.

Q8 ▶ 학습 데이터가 존재하는 지역, 학습 시 처리를 하는 서버가 있는 지역, 사용자가 이미지 생성을 지시하는 지역이 각각 다른 경우를 가정하면, 주로 어떤 위험이 예상되나요?

Answer

학습 데이터가 존재하는 지역, 학습 시 처리를 하는 서버가 있는 지역, 사용자가 이미지 생성을 지시하는 지역이 각각 다른 경우를 가정하면, 현시점에서 특히 주의해야 할 위험은 바로 저작권법의 준거법 문제와 (개인 정보를 취급할 경우) 개인정보보호법 규제 문제, 이렇게 두 가지다.

• 저작권법

Q3에서 설명했듯이, 생성 AI를 이용할 때 일본의 저작권법이 적용되는지는 중요한 사항이다. AI의 개발, 서비스 제공 및 이용이 전부 일본 국내에서 이뤄지고 있다면, 일본의 저작권법이 적용된다. 한편, 학습 시 처리를 하는 서버가 해외에 있거나 AI의 이용에 관한 행위 일부가 해외에서 실행되는 경우, 일본의 저작권법이 적용되는지는 명확하지 않다. 오히려 해외의 저작권법에 해당하는 법령이 적용될 가능성이 있다는 점을 유의해야 한다.

• 개인 정보 취급

개인 정보를 취급하고 해당 생성 AI의 학습 시 처리를 하는 서버가 해외에 있을 때, 개인 정보를 해외에 이전해야 하는 경우가 있다. 일본의 개인정보보호법에 의하면, 개인 데이터를 해외로 이전하려면 원칙적으로 이전할 대상 국가의 명칭을 공개하고, 본인의 동의를 얻어야 한다. 또한, 상황에 따라서는 각국의 개인정보보호법에 해당하는 법령이 적용되는 예도 있으므로 이 점에도 유의해야 한다.

Q9 ▶ 향후 AI 이용과 관련해 어떤 논의가 나올 것으로 예상하나요?

Answer

AI 이용에 대해서는 앞으로도 많은 논의가 이뤄질 것으로 예상하나, 현재 가장 왕성하게 토론이 진행되는 주제는 다음과 같다.

● 콘텐츠 보호에 대한 논의

이 책에서도 여러 차례 언급한 바 있는 일본 문화심의회 저작권분과회 법제도 소위원회의 'AI와 저작권에 대한 관점에 대하여(안)(2024년 2월 29일)'를 보면, AI와 저작권에 관한 중요한 논점이 잘 정리돼 있다. 향후 저작권법 자체의 재고를 포함해 논의가 가속될 것으로 예상한다. 또한, 개인의 '목소리'처럼 저작권으로 보호되지 않는 콘텐츠를 어떻게 보호할지도 논의가 진행 중이다.

저작권에 대한 논의는 일본 이외의 국가에서도 활발히 벌어지고 있다. 예컨대, 미국에서는 일러스트레이터가 Stable Diffusion을 개발한 Stability AI사에 소송을 제기했으며, 뉴욕타임스가 OpenAI사에 소송을 제기한 사실 또한 보도된 바 있다. 향후 미국 저작권법에서 매우 중요한 'Pure Use'라는 개념과 관련해서, AI를 개발하고 이용할 때 저작물을 활용하는 일이 어느 정도까지 허용될지 미국 법원의 판결이 주목된다.

● AI를 제공하는 사업자의 규제에 대한 논의

EU에서는 AI 규제안이 상당한 진전을 보이고 있으며, AI를 네 가지 위험 단계로 분류해 그 정도에 따라 규제를 부과하는 접근법을 논의 중이다.

일본도 자민당의 'AI의 진화와 도입에 관한 프로젝트팀'이라는 워킹그룹에서, 일정 규모와 목적을 갖는 AI 기반 모델 개발자에게 안전성 검증과 AI의 능력 및 한계 등의 공표를 비롯한 체제 정비를 의무화한 내용을 포함한 '책임 있는 AI의 추진을 위한 법적 거버넌스 관련안'을 제안했다. (한국에서도 AI 기본법 '인공지능산업 육성 및 신뢰 기반 조성에 관한 법률안'이 21대 국회에서 발의된 적이 있다.—편집자주) 앞으로도 AI 제공 사업자의 사회적 책임을 비롯해, 어떤 식으로 체제를 정비해야 할지와 관련한 토론이 진행될 것으로 예상한다.

위험 기반 접근법

○ AI 규제안으로 **위험 기반 접근법을 채용**해, 네 가지 위험 단계를 설정하고 각각의 단계에 맞춰 요건 및 규제를 설정

용납할 수 없는 위험 (Unacceptable Risk)	➢ 서브리미널 기술, 소셜 스코어링, 공공 공간에서의 법 집행을 목적으로 한 실시간 원격 생체 인증 시스템 등 ➢ 원칙적으로 금지
높은 위험 (High Risk)	➢ 기계, 의료기기, 중요 인프라, 교육, 고용, 법 집행 등 ➢ 구매 담당자, 수입자, 판매업자, 이용자 개별 주체에 대한 위험 관리, 데이터 거버넌스, 기술 문서 작성, 인적 감사 조치, 접합성 평가 수속, 로그 저장 등 엄격한 규제
한정적 위험 (Limited Risk)	➢ 일반인과 소통하는 AI, 감정 인식 시스템 등 ➢ AI 이용 고지 등 한정적 의무
최소 위험 (Minimal Risk)	➢ 상기 이외 ➢ 자유롭게 이용 가능 (자주적인 행동 규범 추천 필요)

(EU 홈페이지 등 자료에서 일부 가공)

▲ 출처 : EU일본정부대표부 'EU AI 규제안 최신 동향' 2023년 9월, 7항

Q10 ▸ 생성 AI 관련 법률은 어디서 최신 정보를 얻을 수 있나요? 또, 문제가 발생했을 때나 자신의 저작권이 침해됐다고 느꼈을 때 어떻게 대처하면 될까요?

Answer

각종 법률안과 여러 정비 사업이 진행될 것으로 예상되는 만큼, 평소에 관련 뉴스를 이용해 동향을 파악해 둘 필요가 있다. 변호사 같은 전문가가 SNS에서 이러한 정보를 공유하는 경우도 있으므로, 이를 팔로우하는 것도 방법이 될 수 있다. 문제가 발생했을 때나 자신의 저작권이 침해됐다고 느꼈을 때는 개별 검토해야 하므로 전문가와 상담하기 바란다. (아래는 편집자가 한국의 법적 상황을 정리한 내용이다.–편집자주)

AI와 관련해서 한국의 법적 가이드라인은 아직 확립되지 않았다. 다만 문화체육관광부와 한국저작권위원회가 펴낸 《생성형 AI 저작권 안내서》가 있으며, 22대 국회에서 아래의 4개 법률안이 발의됐다. (2024년 7월 기준)

• 인공지능 산업 육성 및 신뢰 확보에 관한 법률안
• 인공지능 발전과 신뢰 기반 조성 등에 관한 법률안
• 인공지능산업 육성 및 신뢰 확보에 관한 법률안
• 인공지능산업 육성 및 신뢰 확보에 관한 법률안

최근 한국 정부는 <새로운 디지털 질서 정립 추진 계획>을 발표(2024년 5월 21일)했는데, AI와 관련해서는 '인공지능 기술의 안전성, 신뢰 윤리 확보', 'AI 개발 및 활용 관련 저작권 제도 정비' 등을 추진할 예정이다. 2024년 11월, '인공지능 발전과 신뢰 기반 조성 등에 관한 기본법 제정안'을 국회가 의결했다.

[정리]

AI 관련 법 제도는 아직 충분히 논의가 진행되지 않았으며, 콘텐츠 권리 등의 보호 및 AI 기술 발전과의 조화를 고려하면서 새로운 법질서를 구축해 나가는 단계다. 생성 AI의 이용은 다양한 방면에서 필수 요소가 된 만큼, 법령 및 가이드라인 등을 반드시 확인하자.

AUTOMATIC1111/WebUI 추천 확장 기능

여기서는 이미지 생성 효율화를 포함해 프롬프트 연구에 도움이 될 만한 확장 기능을 소개한다. 그리고 확장 기능의 업데이트 확인과 기능 켜기/끄기, 프로그램 삭제 방법을 설명한다.

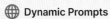 **Dynamic Prompts**
https://github.com/adieyal/dynamicprompts

프롬프트를 무작위로 여러 개 선택해 이미지를 생성해 주는 확장 기능이다. 가장 간단한 이용법은 프롬프트 입력란에 { red | blue | yellow }와 같이 프롬프트를 { }와 |로 구분해 입력하는 것이다. 그러면 red, blue, yellow 중하나를 무작위로 선택해 프롬프트에 반영한다. 또한 '와일드카드'라는 기능을 이용하면 텍스트 파일을 읽어 들여외부 파일에 쓰인 프롬프트 중에서 무작위로 선택해 입력할 수도 있다. 프롬프트로 선택될 확률을 변경할 수 있으며 이 밖에도 다양한 기능이 포함돼 있다.

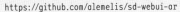

Stable Diffusion WebUI Aspect Ratio selector (sd-webui-ar)

https://github.com/alemelis/sd-webui-ar

생성하고자 하는 이미지의 가로세로 비율을 선택해 자동으로 생성 이미지의 크기를 변경할 수 있는 확장 기능이다. 계산할 필요 없이 자신이 빈번히 사용하는 비율을 입력하면 되므로, 시간 단축 및 실수 방지에 좋다.

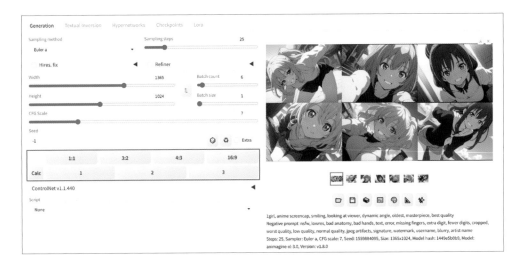

Photopea Stable Diffusion WebUI Extension

https://github.com/yankooliveira/sd-webui-photopea-embed

생성한 이미지를 AUTOMATIC1111에서 편집할 수 있게 해주는 확장 기능이다. 이미지를 다운로드해서 이미지 편집 소프트웨어를 실행하는 번거로움이 줄어들므로, 간편하게 이미지를 편집할 수 있다. Inpaint에 들어 있는 수정 보완 기능에 부족함을 느꼈다면 이용해 보자.

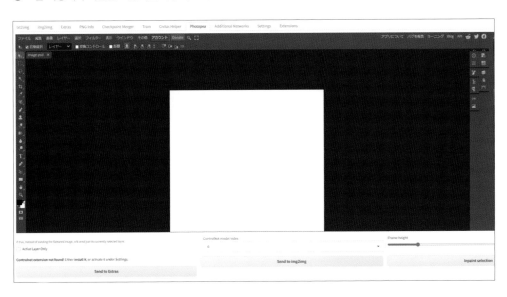

확장 기능을 업데이트한다

확장 기능의 업데이트가 있는지 없는지는 WebUI에서 확인하면 된다. WebUI의 Extensions ❶ 탭 → Installed ❷ 탭을 열면, 다운로드 완료된 확장 기능 목록이 나온다. Check for updates ❸ 를 클릭하면, 목록에 있는 프로그램 중 업데이트 버전이 나온 것을 확인할 수 있다. Update : latest ❹ 로 나와 있다면 최신 버전이다. Behind 라고 표시돼 있다면 Apply and quit ❺ 을 클릭해 업데이트를 진행하며, 완료되면 재시작한다.

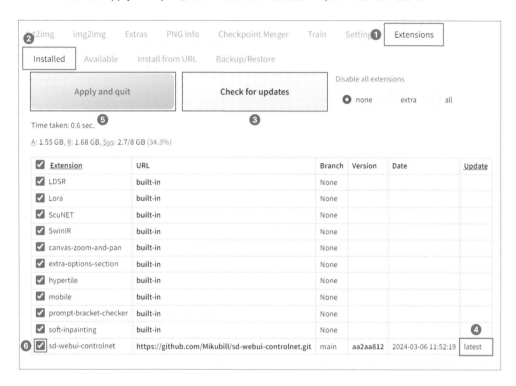

확장 기능을 끄는 방법

확장 기능을 너무 많이 추가하면, UI의 움직임이 느려지고 종종 에러를 내는 원인이 된다. 불필요한 확장 기능은 Installed 탭의 다운로드 완료 확장 기능 목록에서 체크박스 ❻ 를 해제하고 Apply and quit을 클릭해 적용하자.

확장 기능 프로그램을 삭제한다

확장 기능을 끈 상태에서 다시 목록으로 돌아가 체크박스 ❻ 에 체크하고 Apply and restart UI를 클릭하면, 기능이 다시 켜지며 재시작한다. 한편, 프로그램을 완전히 삭제하고 싶은 경우에는 stable-diffusion-webui > extensions 폴더 안에 있는 확장 기능 폴더를 삭제한다.

이 책은 LDM(Latent Diffusion Model : 잠재 확산 모델)을 중심으로 설명했으나, GAN(Generative Adversarial Network)에 대해서도 깊이 있게 이해해 보자. 여기서는 GAN의 개요를 설명하고 GAN과 LDM을 비교해, 그 구조를 해설한다.

▶ GAN이란?

2014년에 이언 굿펠로가 주창한 GAN은 이미지 생성에 혁명을 불러일으켰다. GAN은 생성 네트워크(Generator)와 식별 네트워크(Discriminator)라는 두 인공신경망으로 구성된다. 이들은 서로 경쟁하면서 학습을 진행한다.

생성 네트워크는 무작위 노이즈에서 데이터(이미지 등)를 생성하는데, 그 목적은 실물과 구별이 되지 않을 정도로 똑 닮은 데이터를 생성하는 것이다. 식별 네트워크는 실제 데이터와 생성 네트워크가 생성한 데이터를 구분 지으려 한다. 즉 입력된 데이터가 진짜인지 가짜인지 식별하는 것이 목적이다.

학습 과정에서 생성 네트워크는 더욱 실물에 가까운 데이터를 생성할 수 있으며, 한편 식별 네트워크는 실물과 가짜 데이터를 더욱 정확하게 구별할 수 있다. 이처럼 '적대적'인 학습 프로세스를 통해 최종적으로 생성 네트워크는 거의 실물과 같은 데이터를 생성한다.

GAN은 이미지 생성, 이미지의 초고해상도화, 스타일 변환, 이미지 보완 등 다양한 분야에서 응용되고 있다. 특히 그 능력은 이미지 관련 과업을 할 때 현저히 발휘되며, 텍스트 생성과 음성 생성 등 다른 데이터를 생성할 때도 활용된다.

COLUMN 다 함께 만드는 AI 용어집

AICU Inc.는 일본어 AI 용어집 '다 함께 만드는 AI 용어집(β)'이라는 서비스를 시험 제공하고 있다. '진화가 빠르며 아무도 따라붙지 못하는 상태'인 생성 AI 분야의 신기술 및 전문용어와 관련해서, 전 세계의 사용자가 정해진 양식을 준수해 작성한 용어 정의 및 논문 해설, 샘플 코드 및 동영상 링크 등을 제공한다.

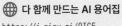 다 함께 만드는 AI 용어집
https://j.aicu.ai/AIGE

GAN과 LDM은 둘 다 이미지 생성 모델이나, 그 접근 방식이나 작동 원리에 큰 차이가 있다. GAN은 생성기와 식별기라는 두 네트워크로 구성된다. 이들은 서로 경쟁하며 학습을 진행한다. 생성기는 무작위 노이즈에서 데이터(이미지 등)를 생성하는데, 그 목적은 실물과 구별이 되지 않을 정도로 똑 닮은 데이터를 생성하는 것이다. 식별 네트워크는 실제 데이터와 생성 네트워크가 생성한 데이터를 구분 지으려 한다. 즉 입력된 데이터가 진짜인지 가짜인지 식별하는 것이 목적이다. GAN의 학습 프로세스는 생성기가 더욱 실물에 가깝게 생성하고, 식별기가 더욱 정확히 구별할 수 있을 때까지 계속된다.

한편, LDM의 생성 프로세스는 데이터에 단계적으로 노이즈를 가해서 무작위 노이즈에 가까운 상태로 만들고(확산 프로세스), 이를 다시 거꾸로 실행하는 과정(역확산 프로세스)을 통해 원래 데이터를 복원하는 것이 목표다. 원래 데이터에 시간을 들여가며 천천히 노이즈를 준 다음, 최종적으로 완전한 노이즈 상태로 만든다. 역확산 프로세스는 노이즈 상태에서 출발하며, 학습한 모델을 이용해 노이즈를 단계적으로 제거하고 마침내 노이즈가 전부 없어진 말끔한 데이터를 생성한다.

GAN과 LDM은 둘 다 초해상도(Super-Resolution, SR) 기술을 활용해 저해상도 이미지에서 고해상도 이미지를 생성하는 프로세스가 있다. 특히, SRGAN(Super-Resolution Generative Adversarial Network) 같은 모델은 저해상도 이미지를 입력하면 생성기가 고해상도 이미지를 생성한다. 식별기는 생성된 이미지와 실제 고해상도 이미지를 비교해 생성기가 더욱 생생한 고해상도 이미지를 생성하도록 만든다. LDM도 확산 프로세스를 통해 노이즈를 가한 후, 역확산 프로세스를 이용해 고해상도 이미지를 복원한다.

GAN은 무작위 노이즈에서 직접 데이터를 생성하지만, LDM은 원래 데이터에 노이즈를 가한 후, 이를 거꾸로 실행해 노이즈를 제거하면서 데이터를 생성한다. 둘 다 다양한 데이터 생성 과업에 적용할 수 있지만, LDM은 텍스트로부터 이미지를 생성하는 것과 같이 특정 조건이 부여된 생성 과업에서 월등한 성능을 발휘한다. GAN은 이미지 생성뿐만 아니라 스타일 변환, 데이터 확장 등, 폭넓은 분야에서 응용할 수 있다. GAN이 원래 데이터를 완전히 똑같이 생성하는 것 또한 이론적으로는 가능하나, 실제로 그 확률은 매우 낮으며 훈련하는 목적도 이를 피하기 위함이다.

생성 AI 시대에 창조하는 사람을 만들자

이 책은 '창의적인 AI 활용법'을 주제로, 다양한 독자를 위해 쓴 안내서다. 여러 기술적 해설을 담았는데 인공신경망과 잠재 확산 모델은 무엇인지, 문자로 이미지를 생성하는 방법은 어떻게 이뤄지는지, 네거티브 프롬프트와 img2img 기술은 어떻게 발전해 왔는지 등을 설명했다. 독자가 이 책을 읽고 CLIP은 '언어와 이미지를 결합한 대규모 모델', UNet은 '영역, 어텐션, 확산 과정의 시간적 흐름을 다루는 네트워크'라는 식으로 여러 개념의 정의와 역사를 다른 사람에게 설명할 수 있는 수준에 도달했다면 그걸로 충분하다고 생각한다. 그런 독자는 새로운 기술이 등장했을 때 그 본질을 파악하고, 어떻게 기술이 도움이 되며, 제어 가능한지를 스스로 판단할 수 있을 것이다. 잠재 확산 모델과 관련한 지식이 사람들의 상식이 됐으면 한다.

한편에서는 생성 AI가 오컬트(초자연 현상)라는 시각도 있다. 퀄리티 태그 및 Masterpiece(어디서 본 듯한 평균적인 얼굴의 여성이 생성되는 프롬프트)처럼 누군가의 창작이 아니지만 현상으로서 실제로 존재하며 효과가 있는 프롬프트 및 태그가 존재한다. 이런 것을 '집단지성으로' 인정하고 이해하면서 이용하는 일이 앞으로도 계속될 것이다. 이런 일을 즐기기 바란다.

이 책의 주요 저자인 시라이 아키히코(1973년 출생)가 '컴퓨터로 그림을 그리는 행위'와 만난 것은 10세 무렵, 1980년대였다. 20대에는 사진과 CG, 게임 및 SNS를 아무것도 없는 상태에서 시작해 만들었으며, 30대에는 해외로 건너가 과학관 및 VR 작품을 다수 개발하고, 40대에는 "창조하는 사람을 만든다."라는 슬로건을 내세우며 교육자로서 매진했으며 VTuber 같은 다양한 표현 기술 개발에 관여한 바 있다. 하지만 2022년 8월, Stable Diffusion과 만나면서 인생에 매우 큰 전환점이 찾아왔다.

이미지 생성 AI라는 첨단 기술의 연구자들이 제창한 'AI에 의한 표현의 집단 지성화'는 인류에게 있어서도 아직 미개척 대륙이다. 카메라 및 포토샵, GPU, SNS 서비스라는 '도구 및 기술'이 이제까지와는 다른 의미가 됐다. 이와 동시에 거대한 자본에 힘입은 기술과 서비스, 생성 AI에 관한 기존 법률의 해석 및 딥페이크, 그림 그리는 사람들의 생각, ChatGPT 등 전에 없던 변화가 해일처럼 밀려오고 있다. 무엇이 옳고 그른가. 매일 작품을 만들고 자문자답하며, 오픈 소스 기술에 공헌하기 위해 매일 블로그 '메타버스 개척 일지(note.com/o_ob)'에서 사회에 질문을 던지며 '창조하는 사람 기르기' 활동을 거듭하고 있다.

최첨단 AI 기술 분야의 상식이 매일 업데이트되는 가운데, 놀라고 있을 수만은 없었다. 《AI와 협력해 그림의 신이 되자-논문으로 해설하는 Stable Diffusion》, 《내가 애지중지하는 LoRA》라는 책을 출판하고, 강연 및 워크숍, Stability AI사를 비롯한 전 세계 많은 사람과의 협업, 'AICU 미디어'라는 스타트업 운영 등 다채로운 활동을 하면서 "생성 AI 시대에 창조하는 사람을 만든다."라는 목표를 향해 조금씩 나아가고 있다.

창작 활동 덕분에 많은 사람과 감동의 순간을 함께할 수 있었다. 이러한 행복감을 독자 여러분에게도 전하고 싶다. AICU사에는 단순히 이미지를 만드는 일뿐만 아니라 광고 및 캐릭터 상품, 프로그래밍 교실 등 여러 산업군으로부터 수많은 업무 요청이 들어오고 있다. 언젠가는 여러분과 함께 일할 수 있기를 기대한다.

참고 문헌

▶ stabilityai/stable-diffusion-xl-base-1.0
https://huggingface.co/stabilityai/stable-diffusion-xl-base-1.0

▶ AUTOMATIC1111/stable-diffusion-webui
https://github.com/AUTOMATIC1111/stable-diffusion-webui

▶ lllyasviel/ControlNet
https://github.com/lllyasviel/ControlNet

▶ kohya-ss/sd-scripts
https://github.com/kohya-ss/sd-scripts

▶ lllyasviel/Fooocus
https://github.com/lllyasviel/Fooocus

▶ TheLastBen/fast-stable-diffusion
https://github.com/TheLastBen/fast-stable-diffusion

▶ Stable Diffusion의 모델 구조 | henatips
https://henatips.com/page/47/

▶ 인공지능과 친해지는 블로그
https://hoshikat.hatenablog.com/

▶ 전 세계에 충격을 준 이미지 생성 AI 'Stable Diffusion'을 철저 해설!
https://qiita.com/omiita/items/ecf8d60466c50ae8295b

▶ 딥러닝G 검정(제너럴리스트) 최강의 합격 문제집 제2판
Yang Jacqueline, 우에노 츠토무 지음, SB크리에이티브

▶ 생성 AI 패스포트 공식 해설집 제2판
일반사단법인 생성AI활용보급협회 지음

감사의 말

이 책의 집필에 도움을 주신 많은 분께 감사드립니다.

아름다운 표지와 일러스트와 예시 사진을 제공해 주신 아티스트 여러분, 그리고 Stability AI Ltd, Stability AI Japan의 모든 분께 감사하다는 말씀을 전합니다. Jerry Chi, Minoru Saito, Naomi Isozaki, Meng Lee 등 각 분야에서 협력해 주신 분들 덕분에 이 책이 완성될 수 있었습니다.

이 밖에도 고마운 분들이 많습니다. 먼저 디지털 할리우드 대학의 스기야마 토모유키, 이케다니 카즈히로, 사무국과 크리에이티브 AI랩 여러분께 감사 인사를 드립니다. 리뷰에 참여해 주신 사와다 토요진, GMO 인터넷그룹의 우에쿠라 유스케, 토이미디어디자인의 모리야마 히로키, 합동회사 분신의 안도 나오키, ADK myousuke 마사키, University of Alaska Fairbanks의 아오키 미호, 쿠메 유이치로, 다케시마 유리코, 도코이 코헤이, 미야타 이치죠, 미야케 요이치로, 쿠사바라 마치코, 모두에게 진심으로 고마운 마음을 전합니다.

AICU Inc.의 도쿠다 코지와 인턴 여러분, HEAVEN Koto, LuC4, ChaTaxAI, AICU 협력 크리에이터 여러분, 852화, 9쇼쿠이인, AICU 미디어 집필팀의 치야마 코토네, QA팀의 Lucas Whitewell, 모두 이 프로젝트에 함께 해 주셔서 감사합니다.

끝으로, 제 가족들에게도 감사합니다. 88세를 넘었지만 정정하신 부모님과 아이들, 언제나 밤샘 작업을 묵묵히 지켜봐 준 아내 쿠미코에게 특별한 감사의 마음을 전합니다. 이 책은 여러분의 이해와 지원 덕분에 탄생할 수 있었습니다.

그래픽스 관련 연구자, 개발자, 아티스트를 비롯해 아름다움과 예술·기술·표현을 사랑하는 모든 분께 깊은 감사와 경의를 표합니다.

저자 약력

AICU Inc.(X 계정 : @AICUai https://corp.aicu.ai/ja ✉ info@aicu.ai)

이 책을 집필한 AICU Inc.는 "생성 AI 시대에 창조하는 사람을 만든다."라는 비전을 내세우며 활동하는 스타트업 기업이다. 미국 실리콘밸리를 본거지로 하는 디지털 할리우드 대학에서 2023년 설립됐다. 산하에 여러 조직이 있는데 AIDX Lab은 LINE 계정 '전력 긍정 남자친구 군', 'AI 확정 신고 씨', Web에 거주하는 AI 아이돌인 'AICuty', 크리에이티브 AI 리포터 'Koto' 등을 개발해 즐거운 AI 체험을 제공하고 있다. AI 종합 미디어 AICU 미디어는 알기 쉽고 재밌게 AI를 전한다는 목표를 향해 여러 교육 콘텐츠를 만들고 있다. 이 밖에도 AI 인재 교육 콘텐츠와 장애인 대상 워크숍을 개발하고, AI 캐릭터를 개발해 운용했으며, 유명 기업의 신기술 프로토타입 콘텐츠를 개발하기도 했다.

'크리에이티브 AI'를 기치로 삼고, 세계적인 기업을 대상으로 콘텐츠 기술 및 체험 개발을 제공하는 가치 개발 기업이다. 이미지 생성 AI인 Stable Diffusion을 개발한 Stability AI의 공식 파트너이며, Google for Startups 인정 스타트업이기도 하다. 1994년에 스기야마 토모유키가 창립한 디지털 할리우드 대학은 CG와 디지털 크리에이션을 전문적으로 배우는 학교로, 개학 당시부터 "모든 것을 엔터테인먼트로 만들자!"라는 슬로건을 변함없이 내세우고 있다. 30년 넘도록 엔터테인먼트 기술을 연구 개발한 CEO 시라이 아키히코와 AI 사원, 소수 정예의 인간미 넘치는 스태프들 및 협력 크리에이터와 함께 모든 것을 엔터테인먼트로 끝까지 추구하는 문화가 AICU에도 살아 숨 쉬고 있다.

AICU 미디어 편집부

'AI를 알기 쉽고 재미있게 전하는' 종합 AI 정보 미디어. AI 리포터 Koto가 크리에이티브 AI를 중심으로 24시간 365일 최신 정보를 전하고 있다. 활동 매체는 note, X(Twitter), 영상 매체 등 실로 다양하며 각종 상용 사이트를 다룬 기사를 제공하거나 동인지 및 상업 서적, e-book 등의 출판 기획과 협업 개발을 진행한다. 아동부터 노인층까지 전 연령을 대상으로 한 워크숍과 이벤트 또한 개발한다. AI 선진 기업의 신규 서비스 보급 지원, AI를 활용하고자 하는 기업의 기술 검증과 사내 전파, 학교와 학원을 위한 콘텐츠 개발 등에 관한 의뢰도 접수 중이다. 팬 커뮤니티는 note.com/aicu/membership.

주요 저자 소개 시라이 아키히코(Akihiko Shirai, Ph.D) (X 계정 : @o_ob)

엔터테인먼트 메타버스 기술의 연구 개발에 관여하는 연구자, 화이트 해커 작가, 미국의 스타트업인 AICU Inc. 및 Hidden Pixel Technology Inc.의 CEO. 도쿄공예대학 사진공학과를 졸업했으며, 동대학원 화상공학을 수료했다. 캐논 주식회사와 그룹 연구소에서 탄생한 영국의 Criterion Software에서 세계 최초의 산업용 게임 엔진인 RenderWare의 보급 개발에 참여했으며, 그 후에 도쿄공업대학 인지시스템과학 전공으로 박사 학위를 취득했다.

NHK 엔지니어링 서비스 차세대 콘텐츠 연구실을 거쳐, 프랑스로 건너가 ENSAM 객원 연구원, 국제공모전 Laval Virtual ReVolution의 설립 멤버, 일본과학미래관 과학 커뮤니케이터 등을 역임했다. 다중화 은폐 기술인 ExPixel, 2×3D, MangaGenerator 등, 선도적인 UX를 학생들과 함께 개발했으며, 가나가와 공과대학 준교수를 거쳐, 2018년부터 디지털 할리우드 대학 대학원 객원교수 및 GREE 주식회사 VR Studio Laboratory의 디렉터로 있다.

스마트폰향 메타버스 Reality를 개발하고 적용하는 REALITY 주식회사를 설립해 Virtual Youtuber 같은 XR 라이브 엔터테인먼트 기술을 연구 개발했고, 메타버스 엔터테인먼트의 미래 개발과 지식재산권 창출을 중심으로 직접 엔터테인먼트의 라이브 플레이어로서 글로벌을 지향한 개발 및 전송 활동 방법론을 제창했다.

2023년부터는 디지털 할리우드 대학에서 출발한 미국의 스타트업 기업인 AICU Inc.의 CEO로서, 생성 AI 시대에 "창조하는 사람을 만든다."라는 비전을 내세워 크리에이티브 및 생성 AI를 활용한 산업과 매체 서비스를 개발 중이다. 일본 가상현실 학회 IVRC 실행위원회 위원, 예술과학회 부회장이다. 저서로는 《WiiRemote 프로그래밍(오무社)》, 《시라이 박사의 미래 게임 디자인–엔터테인먼트 시스템의 과학(웍스 코퍼레이션)》, 《AI와 협력해 그림의 신이 되자–논문으로 이해하는 Stable Diffusion(임프레스 R&D)》 등이 있다.

어시스턴트 크리에이터 치야마 코토네 (X 계정 : @chiyamaKotone)

디지털 일러스트레이터이자 테크니컬 라이터. 동시에 챗봇 개발 및 웹 미디어 개발을 담당하는 AICU Inc. 소속 크리에이터다. AICU Inc.의 AI 사원인 Koto의 캐릭터 디자인을 담당했다. 초등학교 시절 노트에 끄적이던 손글씨 잡지인 《더 코토네》, 《코토마가 friends》의 LoRA를 이 책에 소개했다.

QA 담당 Lucas.Whitewell (https://irukashiro.github.io/sd/)

AICU에서 인턴 중인 현역 고등학생. 평소에는 디지털 일러스트레이션을 그리고 있다. 이 책 관련 일을 하면서 처음으로 이미지 생성 AI를 접했으며, 올바른 지식을 습득하는 경험을 할 수 있었다. 짧은 시간이었지만 많은 공부를 할 수 있었다.

제작 협력

치야마 코토네

Lucas Whitewell

이미지 제작/해설

피나스

라케시데

생성 AI에 관한 법률 해설

아베·이오카·카타야마 법률사무소

시바야마 킷포

시바자키 타쿠미

옮긴이 강모희

연세대학교 신문방송학과 졸업 후, 일본 와세다 대학 국제정보통신연구과 공학석사 학위를 취득했다. 삼성전자, LG유플러스 등 IT 기업을 거쳐 (주)아이티앤베이직을 공동 창업하고 일본 법인 IT&BASIC Japan의 대표로 재직 중이다. KOTRA 글로벌 지역 전문가로서 활동하고, 정보통신산업진흥원과 한국무역협회에서 일본 사업 노하우와 관련한 강연을 진행했다. 일본 비즈니스 전문가로 다방면에 걸쳐 활약 중이다. 번역 에이전시 엔터스코리아 출판기획 및 일본어 전문 번역가로 활동하고 있다. 옮긴 책으로는 《빅데이터 시대, 성과를 이끌어 내는 데이터 문해력》, 《PM 입문》이 있다.

스테이블 디퓨전 실전 가이드

직접 체험하면서 배우는 이미지 생성 AI의 원리와 활용 테크닉의 모든 것

1판 1쇄 펴낸 날 2024년 12월 20일

지은이 시라이 아키히코·AICU 미디어 편집부
옮긴이 강모희
주간 안채원
책임편집 윤대호
편집 채선희, 윤성하, 장서진
디자인 김수인, 이예은
마케팅 함정윤, 김희진

펴낸이 박윤태
펴낸곳 보누스
등록 2001년 8월 17일 제313-2002-179호
주소 서울시 마포구 동교로12안길 31 보누스 4층
전화 02-333-3114
팩스 02-3143-3254
이메일 bonus@bonusbook.co.kr
인스타그램 @bonusbook_publishing

ISBN 978-89-6494-727-2 03000

• 책값은 뒤표지에 있습니다.